A
ARTE
DE
SER
LEVE

9ª reimpressão

LEILA
FERREIRA

A ARTE DE SER LEVE

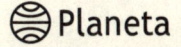

Planeta

Copyright © Leila Ferreira, 2010, 2016
Copyright © Editora Planeta do Brasil, 2016
Todos os direitos reservados.

Preparação: Clara Diament
Revisão: Maria Aiko Nishijima e Iracy Borges
Diagramação: Maurélio Barbosa | designioseditoriais.com.br
Capa e ilustrações de miolo: Julia Masagão + Adriano Rampazzo

CIP-BRASIL. CATALOGAÇÃO NA PUBLICAÇÃO
SINDICATO NACIONAL DOS EDITORES DE LIVROS, RJ

F441a

Ferreira, Leila
A arte de ser leve / Leila Ferreira. - 1. ed. - São Paulo : Planeta, 2016.

ISBN 978-85-422-0828-3

1. Corpo e mente. 2. Emoções. 3. Administração do estresse. 4. Felicidade. 5. Bem-estar. I. Título.

16-35586
CDD: 158.1
CDU: 159.947

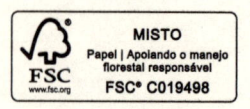

Ao escolher este livro, você está apoiando o manejo responsável das florestas do mundo

2024
Todos os direitos desta edição reservados à
EDITORA PLANETA DO BRASIL LTDA.
Rua Bela Cintra, 986 – 4º andar
Consolação – São Paulo-SP
01415-002 – Brasil
www.planetadelivros.com.br
faleconosco@editoraplaneta.com.br

SUMÁRIO

APRESENTAÇÃO 7

DUAS RODAS 10
GENTILEZA 18
BOM HUMOR 58
DESCOMPLICAÇÃO 96
DESACELERAÇÃO 140
CONVIVÊNCIA 168
FELICIDADE? 202
CONSIDERAÇÕES FINAIS 228

APRESENTAÇÃO

Uma revoada de andorinhas corta o céu de Cascais, pequeno paraíso português onde este livro foi escrito. Da janela da casa onde estou, vejo os pássaros riscando o azul sem nuvens e me lembro dos dias de inverno que passei aqui da outra vez, tentando acreditar num livro que eu não sabia como seria recebido pelos leitores. A gente nunca sabe, é verdade, mas a razão maior da minha insegurança era que, quando perguntavam o tema do que eu estava escrevendo, e eu citava a palavra "leveza", a reação mais frequente era: "Leveza? Como assim?".

Pois é. Como assim? Leveza, uma arte que as andorinhas dominam, é coisa que dificilmente se explica. Um livro sobre o assunto, menos ainda. Mas eu estava convencida da necessidade de aprendermos a viver com menos peso na alma, menos tralhas na bagagem, menos aspereza nas palavras e nos gestos, menos azedume, menos pressa e consumismo. E escrevi sem saber se, para outras pessoas, essa vontade de existir de forma mais suave, ou menos complicada, faria sentido.

A reação dos leitores foi, e tem sido, uma das experiências mais gratificantes da minha vida. Saber que tantos se identificaram com o que proponho neste *A arte de ser leve* reforça aquilo em que sempre acreditei: que é possível, e essencial, diminuir o peso do nosso cotidiano. Viver foi, é e será sempre difícil. Mas a leveza aumenta (muito) a chance de darmos conta da empreitada. Que os pássaros – seja na revoada de andorinhas no verão de Cascais ou no voo solitário de um beija-flor brasileiro – nos lembrem disso e nos inspirem.

Setembro, 2016

Duas rodas

Há pouco tempo, conversando com a dona de um salão de beleza que funcionários e clientes costumam descrever como uma pessoa leve, perguntei o que estava por trás daquela leveza. Como ela conseguia manter o bom humor e a calma em situações que normalmente causariam estresse (por exemplo, passar doze horas por dia ouvindo o barulho ininterrupto de secadores e de vinte mulheres falando ao mesmo tempo)? Conceição respondeu: "Tem gente que vem pro mundo de caminhão e tem gente que vem de bicicleta. Eu sou da turma da bicicleta". Saí de lá morrendo de inveja.

Acostumada a arrastar baús cheios de ansiedade e de medos, tive certeza, naquela hora, de que estava na outra turma: a das carretas com excesso de carga, que trafegam perigosamente por estradas sem acostamento. Pensei no tamanho do Scania que usava para transportar minhas complicações, imaginei a bagagem compacta da dona do salão, e decidi que era hora de mudar de vida. Isso em um primeiro momento. Depois vi que "mudar de vida" era uma meta muito ambiciosa. Como jornalista, preferi escrever sobre a perspectiva da mudança (quem sabe depois...?). Foi assim que este livro nasceu. Ele é uma reflexão sobre a possibilidade de viver de forma menos complicada, carregando menos peso.

Não falo aqui sobre a leveza que aliena e nos condena à superfície. "É preciso ser leve como o pássaro, e não como a pluma", disse o escritor francês Paul Valéry. A mesma leveza que o italiano Italo Calvino defende em suas *Seis propostas para o próximo milênio*. A pluma flutua – um voo sem plano, sem direção, sem desafios. Os pássaros riscam o ar com precisão, colocam a leveza a serviço do existir. Uma pedra pode interromper o voo, mas até que isso aconteça as asas sabem aonde e como ir. Calvino cita "o pesadume, a inércia, a opacidade do mundo". Quando penso em leveza, penso na possibilidade de sermos pessoas capazes de deixar o mundo menos opaco, menos pesado, menos inerte. Pessoas que se sentem melhor com elas mesmas e são mais agradáveis, mais delicadas, mais generosas. Acima de tudo, pessoas que conseguem também fazer a viagem (cada vez mais rara) de sair delas próprias para enxergar o outro – e o outro pode ser o colega de trabalho, o filho, a amiga de infância, o vizinho, o marido, a namorada, o paciente que esperou vários dias pela consulta, o porteiro do prédio.

Há tempos brinco com minhas amigas obcecadas por dietas sobre o perigo que corremos de emagrecer o corpo e ficar com obesidade mórbida de espírito. Corpos rijos e enxutos, construídos com disciplina mais do que espartana, circulam num mundo cheio de almas adiposas, engordadas pela autocomplacência. Com o corpo, todo o rigor é pouco, mas nos perdoamos com enorme facilidade por nossa impaciência, nossa falta de civilidade, nossa incapacidade de ouvir, nossa rispidez. Achamos natural agir de forma desagradável com os outros porque estamos estressados. Mas nossos comportamentos vão deixando o mundo mais estressante.

E não são apenas os outros que nos rodeiam que saem perdendo. O peso na alma afeta profundamente a pessoa que o carrega – ainda que não perceba. Seres que passam a vida arrastando correntes são infelizes. Almas gordas, mais que intoxicar os outros, intoxicam-se.

Os antigos egípcios tinham uma crença interessante: achavam que, na longa viagem que os mortos enfrentariam até chegar a seu destino, seriam obrigados a participar de um ritual chamado pesagem da alma. Na cerimônia, presidida pelo deus Osíris, o morto fazia sua defesa e se declarava inocente de vários pecados. Em seguida, passava por uma prova: seu coração, considerado a sede da consciência, era colocado numa balança. Se pesasse mais que uma pena de avestruz, o morto estaria condenado a uma série de castigos e poderia até ser devorado por um monstro. Almas leves, em paz com a consciência, tinham a chance de seguir seu caminho e eventualmente chegar ao paraíso.

Se a pesagem da alma fosse feita hoje, pouquíssimas pessoas seguiriam viagem. Independentemente dos pecados, carregamos o peso de cotidianos desgastantes, ambientes de trabalho competitivos, relações pessoais conflituosas, problemas financeiros – tudo que vai nos deixando com o espírito balofo e a alma cinzenta.

O que este livro pretende é refletir sobre valores e comportamentos que podem ajudar a diminuir a opacidade da alma e o peso do espírito – atitudes que aumentem a possibilidade de escaparmos dos monstros, ainda que não garantam a chegada ao paraíso. Fala de uma leveza que inclui a angústia, a tristeza, as inseguranças, a precariedade da existência. A insustentável leveza do ser, como propõe o escritor tcheco Milan Kundera? Não sei. Talvez a leveza de ser quando a vida permite ser leve. Que sejam cinco minutos, que seja o tempo de um entardecer ou que dure a paixão mais breve – não importa. Mas que, pelo menos parte do tempo, possamos fazer deste mundo um lugar menos complicado, menos estressante, em que seja possível conviver com mais cordialidade e menos impaciência, e aprender a nos respeitar e a nos conhecer – um lugar, enfim, em que estejamos mais em paz com os outros e com nós mesmos.

Atualmente, a fila anda até para os problemas. Por isso, a leveza que proponho aqui é aquela que reconhece a existência das sombras e as incorpora. Aquela que admite que a vida é barra-pesadíssima e que nem sempre é possível ver um lado bom no que nos desgasta, nos amedronta, nos faz sofrer. Mas que, mesmo enquanto estivermos tristes, ansiosos ou deprimidos, possamos ser pessoas que não abrem mão da civilidade, da compaixão e do mínimo de elegância para conviver. *Travel light,* recomendam os guias de viagem, ou seja, viaje leve. Não é sair pelo mundo sem bagagem. É simplesmente eliminar o excesso de peso.

Vamos à viagem, pois – lembrando sempre que estamos tratando do mais relativo dos conceitos: a leveza de uns pode ser o peso de outros e vice-versa. O roteiro inclui Portugal, Estados Unidos, Holanda, França, Rio, Belo Horizonte, São Paulo, Araxá e até um povoado chamado Tragédia. Entre as pessoas com quem conversei estão filósofos, educadores, uma atriz, um estilista, um dono de funerária, um grupo de manicures, uma empresária, um sociólogo, um veterinário e uma turma de viúvas que se encontra para rezar o terço, jogar buraco e torcer pelo Cruzeiro – não necessariamente nessa ordem. As conversas vão e vêm, e muitas foram acompanhadas por mesas fartas. Dieta, ali, somente a da alma. Entre bolos, cafés, taças de vinho, um peixe em Estrasburgo, um *brunch* em Baltimore, um risoto em Belo Horizonte e uma rapadura com queijo em Araxá, cada um contava suas histórias, fazia suas reflexões e, juntos, tentávamos destrinchar algumas estratégias de "bem viver".

O resultado não é um livro de receitas – nem de verdades. É apenas um caderno de anotações feitas a partir dessas conversas. Algumas pessoas que aparecem aqui são leves, outras ensaiam ser. Mas todas acreditam na importância de refletir sobre a quantidade (e a qualidade) da bagagem que transportamos nessa brevíssima passagem por este planeta. Começando por um item tão frágil quanto essencial, que muitos preferem levar na bagagem de mão para não correr o risco de extravio: a gentileza.

Gentileza

*Infinito é o jardim das delicadezas,
semeado desde o primeiro dia do mundo.*

Roseana Murray, poeta carioca

A GENTILEZA MORREU?

CENA 1. Saída do aeroporto de Guarulhos, em São Paulo. Entro no táxi às dez e meia da noite, depois de um longo dia que incluiu uma palestra em Maceió, um voo para Brasília, um atraso de duas horas na conexão e uma turbulência no voo para São Paulo. Dou boa-noite ao motorista, que não responde. Passo o endereço e torço para que ele abaixe o volume de, pelo menos, um dos dois rádios – o que se ouve é uma mistura infernal de pagode, estática e a voz da funcionária da central de táxis dando instruções sem pausas. Espero uns cinco minutos. Ao perceber que o motorista pretende deixar os dois volumes como estão, peço com toda a delicadeza que diminua o rádio da central – somente o da central. Ele finge que diminui, e o pesadelo sonoro continua. Depois de mais de dez minutos, antes que eu peça para trocar meu endereço em Pinheiros pelo do hospital psiquiátrico mais próximo, faço nova tentativa: pergunto, mais uma vez com delicadeza, se ele pode reduzir o volume, e, quando começo a explicar que estou cansada porque me levantei às cinco da manhã, trabalhei e viajei o dia todo, o motorista me interrompe e, com a voz mais irada que já ouvi na vida, diz bem devagar: "Eu me levantei às quatro! E daí?".

CENA 2. Um shopping center em Belo Horizonte. Abro a porta que dá acesso ao estacionamento carregando várias sacolas com frutas e verduras. Vejo uma mulher que se aproxima na direção contrária, faço um malabarismo e seguro a porta para que ela entre. A cidadã, chiquérrima por sinal, passa por mim como se eu não existisse. Nenhuma palavra de agradecimento. Nenhum gesto. Nem ao menos um olhar.

CENA 3. Fila para a seção de frios em um supermercado de Araxá, Minas Gerais. Quando chega a minha vez de ser atendida e começo a fazer o pedido, um homem de trinta e poucos anos entra na minha frente e pede uma torta que está na outra extremidade do balcão. A atendente tenta explicar que existe uma fila, mas ele a interrompe, alegando que já escolheu a torta e ela tem apenas que embrulhar. A moça obedece. Chocada, e apontando para o jovem, viro para a senhora que está atrás de mim e pergunto: "Viu só que educação?". Antes que ela diga qualquer coisa, ele me olha com o ar mais cínico que se possa imaginar e diz, com toda a tranquilidade: "O mundo é dos espertos. Fique esperta que isso não acontece mais". Respondo que prefiro ser educada a ser esperta – "deixo a esperteza para pessoas como você", emendo. Mas, antes mesmo de chegar ao final da frase, já sei que estou perdendo meu tempo.

Se você nunca viveu situações como essas em seu dia a dia, ou é uma pessoa de muita sorte ou não sai de casa há séculos. Quem circula pelo mundo certamente já viu esse filme e é muito provável que tenha se perguntado: que roteiro é esse? Ou: quando foi que o mundo ficou assim? Será que estamos vivendo uma epidemia de falta de educação? Talvez uma pandemia de falta de delicadeza? Tenho ouvido relatos constantes de quem passa por experiências parecidas e a reação é sempre a mesma. Primeiro, vem a indignação; depois, a perplexidade. Todos querem entender por que foram tratados de forma que consideram injusta. E todos se perguntam: a gentileza acabou? Por que estamos agindo assim?

Viajei algumas horas para fazer exatamente essas perguntas a um italiano que há quarenta anos mora nos Estados Unidos e há mais de uma década defende, delicada mas obstinadamente, a causa da gentileza. Piero Massimo Forni, ou P. M. Forni, como é conhecido, é professor de literatura na Universidade Johns Hopkins, em Baltimore. Um intelectual que um dia, durante uma aula sobre o livro *A divina comédia*, olhou para seus alunos e se deu conta de que mais importante do que sair dali sabendo tudo sobre Dante era eles serem pessoas gentis. "Se um deles saísse da aula e tratasse mal um idoso em um ônibus, por exemplo, eu sentiria que havia fracassado em minha missão", diz o professor. Foi então que criou na universidade o Civility Initiative: um núcleo de pesquisa e ensino que avalia o papel das boas maneiras e da civilidade na sociedade contemporânea e desenvolve trabalhos para incentivar a prática da gentileza em instituições como hospitais, escolas e bibliotecas – dentro e fora de Baltimore. Além de dirigir o projeto, lançou os livros *Choosing Civility* e *The Civility Solution*, e seu trabalho já foi destacado por jornais como o *Times*, de Londres, e *The New York Times*.

Forni marcou nossa entrevista para uma manhã de domingo e me convidou para um *brunch* com ele e sua mulher, Virginia, no clube dos professores da universidade – um ambiente refinado e austero que me deixou completamente intimidada nos quinze primeiros minutos. Fiquei com medo de me atrapalhar com os talheres, as palavras, os gestos e o gravador que eu havia comprado de um camelô em São Paulo e ameaçava não funcionar. A taça de *prosecco* e a gentileza genuína (e imensa) do casal me acalmaram. A conversa se estendeu por quase duas horas e terminou com um café na sala de leitura, em que se ouviam somente o crepitar da lareira e o passar das páginas do jornal que estava sendo lido por um vetusto professor, completamente alheio à nossa presença.

O que se segue é um resumo (ou o resumo do resumo) do que disse Forni naquela manhã de domingo.

AMÁVEL, POR QUE NÃO?

- Achar que gentileza é algo supérfluo é miopia. Gentileza é qualidade de vida. Por um motivo simples: a vida é feita de relacionamentos. Vive melhor quem tem competência para se relacionar, e faz parte dessa competência tratar o outro com civilidade e respeito.

- Ninguém gosta de conviver com pessoas desagradáveis. Ser mal-educado e autocentrado é suicídio social.

MENOS EGOÍSMO

- Nossa tendência é enxergar as vantagens e os benefícios que as pessoas podem nos proporcionar. Uma nos ajuda a subir profissionalmente, outra nos diverte, e por aí afora. A prática da civilidade nos obriga a ultrapassar os limites estreitos do ego, a sair de dentro de nós mesmos para prestar atenção no outro e nos colocarmos em seu lugar. Isso implica fazer sacrifícios e abrir mão de certas coisas. Numa cultura como a nossa, que ensina que "eu" é soberano, não é fácil.

BOM-DIA, OLÁ

- Nem sempre estamos com vontade de conversar ou interagir, mas isso não quer dizer que podemos nos comportar como se as pessoas fossem invisíveis. Quando alguém passa por nós, custa dizer "oi", ou simplesmente fazer um gesto com a cabeça? Por que fazer o jogo da invisibilidade e fingir que essa pessoa não existe? Será que nossa alma encolheu tanto assim?

DESCONTROLE

- Nossa sociedade estimula a falta de civilidade. E dois fatores, principalmente, levam a ela: o estresse e o anonimato. Estamos vivendo em ambientes mais estressantes no trabalho, no trânsito, nos aeroportos, na vida pessoal. E, quando estamos estressados, ficamos mais irritadiços, menos tolerantes com os erros alheios e mais propensos a explodir.
- O estresse acabou virando uma espécie de desculpa universal para comportamentos injustificáveis. Uma pessoa deixa de responder ao nosso bom-dia e depois diz simplesmente que estava estressada. Um chefe maltrata seus funcionários e acha esse comportamento natural porque tem andado estressado. Isso significa o quê? Que estamos perdendo o controle de nossa vida?

NEM BOBO, NEM MAL-EDUCADO

- Não consigo imaginar nenhuma situação no dia a dia em que agir com grosseria seja a melhor opção.

- Quando alguém for grosseiro com você, diante da tentação de dar o troco na mesma moeda, o ideal é parar e se perguntar três coisas: quero mesmo agir assim?; vou ferir ou magoar essa pessoa com a minha atitude?; vou gostar de agir dessa maneira? É essencial termos certeza de que nossa reação irá nos satisfazer não só naquele momento de raiva mas dali a duas horas, no dia seguinte ou na próxima semana.
- Responder a uma grosseria com outra é falta de imaginação, e geralmente nos arrependemos depois. O que não quer dizer que devemos fazer papel de bobo ou de capacho. É importante sabermos nos impor e nos fazer respeitar, mas isso jamais equivale a sermos grosseiros.

MAIS LEVEZA

- Não me canso de repetir: em grande medida, a vida é o resultado de nossos relacionamentos. Temos de aprender a deixar o "eu" um pouco de lado para conviver com mais generosidade, mais consideração, mais delicadeza.
- Tenho uma filosofia de vida prática e simples, mas que faz sentido: quando diminuímos o peso da existência para aquelas pessoas que nos cercam, é sinal de que vivemos bem.

Diminuir o peso da vida para quem nos cerca: saio da Universidade Johns Hopkins pensando nas palavras de P. M. Forni, que pretendo transformar em mantra pessoal. O italiano e sua mulher fazem questão de me levar ao hotel e vão sem pressa, mostrando os pontos turísticos de Baltimore. Graças à delicadeza do casal, a tarde de domingo fica mais leve. Hora de voltar ao Brasil. Mais uma vez, esforço-me para fechar a mala cheia de roupas que não usei, sapatos que não calcei, livros que não li. Depois de dez minutos de ginástica, o zíper da mala obedece, e só então o óbvio me ocorre: quem sabe começo por aí – pelo mais prosaico e literal dos exemplos –, o desafio de aprender a carregar menos peso?

POSSO SER LEGAL?

O episódio ocorreu durante a gravação de uma minissérie. Depois de dois dias sendo tratada com extrema falta de gentileza por uma integrante da equipe de produção, a atriz Denise Fraga perdeu a paciência. Parou na frente da moça, segurou os braços dela e disse sem levantar a voz: "Olhe, sou uma pessoa legal e quero continuar sendo. Mas, se você preferir, posso fingir que não sou. Vou violentar a minha natureza, vou ser quem não sou, mas se essa for a intenção de seu comportamento, tudo bem. É isso que você quer?". Caso fosse, deixou de ser. A produtora não virou nenhuma rainha da gentileza, mas parou de maltratar Denise.

A atriz conta essa história na sala de seu apartamento, durante uma conversa acompanhada por algumas xícaras de café, que continuou em um restaurante japonês. "Por que a gente precisa dar trancos para se fazer respeitar?", pergunta. "Às vezes, as pessoas dão trancos preventivamente, antes de serem desrespeitadas, como se tivessem medo de não impor respeito se não agirem assim. A dureza e a truculência passam a ser usadas como lei primeira."

Denise acredita que andamos na defesa, com medo de sermos (ou agirmos como) pessoas gentis e generosas: "Dizer que uma pessoa é boa é quase uma ofensa. Boazinha, então, é pejorativo. Com isso, acabamos sendo piores do que poderíamos ser... É aquela história de você não dar a mão por medo de perder o braço, ou a síndrome do 'vai que...' ou 'melhor não...', 'melhor não confiar, vai que...'. A atriz afirma que, cotidianamente, ensina a seus filhos que "ser legal é legal". Algo que coincide com a visão de P. M. Forni, e que Denise defende como gentileza firme: você consegue se fazer respeitar, e tem, ao mesmo tempo, um comportamento educado. Ao lamentar que tanta gente desconfie da gentileza e não veja o prazer que dá ser gentil, Denise atribui grande parte da falta de civilidade ao que chama de culto exagerado do indivíduo: "Tudo louva o ego. A publicidade, os discursos, as informações que nos chegam cultuam o 'eu'. Mas o indivíduo existe no coletivo".

Quando me encontrei com a atriz em São Paulo, ela estava em cartaz com a peça *A alma boa de Setsuan*, de Brecht, que aborda a questão da bondade e da gentileza. Poucos dias depois recebi um e-mail dela, em que comentava o nosso encontro e o fato de estarmos mergulhadas nesse tema. "Achei que há muita sincronicidade entre o que você faz e o que ando fazendo", escreveu Denise. "Um livro sobre gentileza, uma peça sobre gentileza. E nós duas tentando em nosso palmo de terra dar uma melhoradinha neste mundo."

A imagem me lembrou a entrevista que eu havia acabado de fazer com a carioca Roseana Murray, autora do livro de poemas *Manual da delicadeza de A a Z*. Segundo Roseana, a gentileza e a delicadeza envolvem questões muito profundas e dissolvem nós antigos e difíceis. Quando perguntei como podemos alimentar o jardim das delicadezas a que se refere em um de seus poemas, a resposta foi: "Estique o braço para os lados, para cima e para baixo. É nessa área que você deve atuar. Crie harmonia e beleza em seu entorno". Ou seja, não é preciso ir longe nem apostar em grandes gestos. Para "dar uma melhoradinha no mundo", basta que cada um cultive a gentileza em seu palmo de terra.

TER BONS MODOS É BOM

Às vezes, uma ou duas palavras de cortesia são suficientes para deixar o nosso entorno mais agradável. "Por favor" pode definir o tom de um diálogo. O problema é que o vocabulário da delicadeza tem encolhido. O filósofo paulista Renato Janine Ribeiro lamenta que as pessoas usem cada vez menos expressões como "por favor" e "obrigado". E estranha a substituição do "obrigado" por "valeu!". "Dizer 'obrigado' significa que você se sente com obrigação em face da pessoa que lhe prestou um favor – isto é, ela fez algo que não tinha obrigação de fazer. Diante de uma dádiva, você afirma que se sente seu devedor e que procurará retribuir o presente, geralmente algo imaterial, sutil, como deixá-la passar à sua frente. Mas, quando você responde 'valeu!', as coisas se invertem. Você diz ao outro que ele, o doador gratuito, cumpriu a obrigação, isto é, que o ato dele teve valor, mas nada mais além disso."

Renato Janine relata uma experiência pessoal: "Uma vez, em uma reunião com um ministro, pedi licença para sair quando os assuntos que diziam respeito ao meu setor estavam esgotados (eu precisava trabalhar). 'Dá licença?', perguntei, e ele respondeu: 'Dou'. O que temos aqui e no caso anterior é o uso literal da língua, uma incapacidade de perceber o quanto é sutil o jogo da delicadeza. É correto uma pessoa pedir licença, e é corretíssimo a outra pessoa responder: 'Imagine, não precisa pedir, claro que pode ir, muito obrigado por ter vindo'. Tudo isso faz parte de uma cena – porque há alguém que manda e outro que obedece –, mas não é mera encenação. É um modo de colocar as pessoas à vontade e de, ainda que as relações sejam de poder, atenuar, amenizar a dureza desse poder".

O filósofo critica o hábito que muitos têm de alegar que o estresse e a pressa são responsáveis por seus comportamentos mal-educados: "Isso pouco ou nada tem a ver com o estresse. É verdade que nosso tempo tem pouco tempo. Por isso, não dá para multiplicarmos mesuras. Reverências, nem pensar. Mas não é disso que se trata. A delicadeza não consome tempo demais – ela apenas introduz uma dilação no tempo. O que ela de fato procura é tornar o convívio agradável".

O argumento de Renato Janine pode ser ilustrado por um gesto da escritora chilena Isabel Allende. Fui entrevistá-la na Califórnia, onde mora, e levei de presente um forro de mesa de crochê feito em Araxá. Como o tema central da entrevista era seu livro *Afrodite*, que trata de comidas afrodisíacas, a escritora havia montado uma mesa com pães, queijos, uvas e vinho para a gravação. Quando entreguei o presente e expliquei que era uma peça de artesanato de minha cidade, ela fez questão de tirar tudo da mesa, estender o forro de crochê e voltar a montar o cenário. Não adiantou eu dizer que não, que não fizesse aquilo, que tomaria muito de seu tempo. Isabel respondeu com uma pergunta: "Você não acha que as artesãs de sua cidade vão ficar felizes ao verem que o trabalho delas veio parar tão longe, numa casa aqui nos Estados Unidos?". O tempo da gentileza tem seu próprio tempo.

Isabel Allende já havia me surpreendido antes. Descobri que ela estaria em Ouro Preto, "escondida" da imprensa, e consegui por milagre uma entrevista exclusiva. Sua assessora, dura na queda, disse que me daria vinte minutos – nem um segundo mais. Mas Isabel falou durante quarenta minutos, e, no fim da entrevista, convidou-me para passar a tarde com elas. Fomos almoçar, visitar igrejas e museus, comprar artesanato. Eu não conseguia me equilibrar nas ladeiras impiedosas de Ouro Preto. Primeiro, porque estava emocionada – quanto mais o tempo passava, menos acreditava que estava "passeando com Isabel Allende". Depois, porque estava usando sapatos de salto altíssimo. Afinal, o plano era descer do carro da TV, gravar vinte minutos, entrar no carro e voltar para BH. Ao ver meu desconforto, Isabel, que sabiamente estava de tênis, sugeriu três vezes que eu ficasse descalça. Como não ousei (precisaria de mais cinco anos de psicanálise para ter essa desenvoltura), ela parou, tirou seus tênis e disse, com firmeza: "Já sei o que está acontecendo. Como repórter de TV, você deve ser conhecida aqui e está com vergonha de ser vista descalça. Não tenho esse problema, porque as pessoas não estão me reconhecendo. Então, vamos trocar: vou descalça e você usa meus tênis". Foi aí que me desequilibrei mesmo. Tive que insistir muito para que Isabel Allende aceitasse continuar o passeio no formato original: ela de tênis, eu de salto alto.

QUANDO AS ROSAS FALAM

Uma cidade com menos de quatro mil habitantes, uma professora que não revela a idade ("Sabe que nem sei? Parei de contar o tempo."), um exemplo de gentileza que é um alento. Dona Lourdinha já foi prefeita de Catas Altas da Noruega, em Minas Gerais, mas não tomou gosto pela política: "Insistiram para eu ser candidata e aceitei, mas tive prejuízo na prefeitura, porque ajudava um aqui, outro ali, e gastava meu dinheiro para ajudar mais". Parece que o destino (ou a vocação) da professora é repartir o pouco que ganha. Foi por conta própria, sem qualquer ajuda oficial, que ela plantou cerca de mil roseiras na cidade, quando ainda dava aulas. Fez um viveiro em sua casa, e todos os dias, no caminho da escola, plantava as mudas.

"Precisava colorir Catas Altas", diz. "Peguei uma rosa até boba, fácil de dar, mas bem bonita, e fui espalhando pela cidade." O colorido durou pouco – quase todas as roseiras foram arrancadas. Segundo ela, algumas pelo povo, outras pela própria prefeitura. Mas dona Lourdinha está disposta a recomeçar: "Apesar de ter ficado muito desgostosa, vou tentar de novo". Pergunto se vale a pena tanto esforço para encher

Catas Altas da Noruega de rosas, e ela responde sem pensar: "Vale, porque a gente não enfeita só a cidade, enfeita a vida da gente".

Designer de acessórios, Mary Figueiredo Arantes entende de enfeites e sabe que poucos surtem tanto efeito quanto a gentileza. Nascida no Vale do Jequitinhonha, em Minas Gerais, Mary viaja pelo mundo e circula pelo território da moda sem abrir mão dos pequenos rituais que aprendeu numa região em que a pobreza ensina a importância do verbo compartilhar. Para uma de suas amigas, manda uma cesta de verduras de sua horta. Para outra, uma fronha bordada com um poema que a amiga havia feito e do qual nem se lembrava. A vizinha idosa ganha uma visita inesperada. O médico do filho, uma crônica feita pela designer.

"Gentileza é o mínimo que devemos uns aos outros", diz Mary, e admite que, às vezes, ela própria derrapa: "Outro dia, atendi duas pessoas ao mesmo tempo no showroom e, enquanto falava, o celular tocou. Estava completamente desatenta. À noite, liguei para elas e pedi desculpas". A designer tem uma visão interessante do que pode estar por trás do festival de indelicadezas que se tem visto: "As pessoas tratam a morte de forma muito distante. Se você pensar que amanhã pode não estar mais aqui, seu comportamento muda, porque você sabe que não tem todo o tempo do mundo para ser gentil. Vai deixar para tratar bem as pessoas no futuro? E se não estiver mais aqui?". Mary não brinca nem com o futuro imediato: "Sempre achei que morreria à noite, então faço uma questão danada de terminar bem o meu dia".

As palavras da designer me fazem lembrar uma senhora que também acha que vai morrer de madrugada. Mas ela se prepara para essa eventualidade de modo bem diferente. Dona de casa que sempre fez questão de manter tudo impecável, varre todos os cômodos antes de dormir. Se o pior acontecer, ela não quer que parentes e vizinhos encontrem a casa bagunçada. A lógica é a mesma: diante de um futuro imponderável, as duas mulheres ordenam o presente. Enquanto uma arruma a casa, a outra arruma a alma. E, ao arrumar a alma, constata o quanto é importante ser gentil.

GENTILEZA GERA GENTILEZA

O antropólogo Tião Rocha, que deixou a vida acadêmica para criar escolas na sombra das mangueiras do Vale do Jequitinhonha, resume: "A gente quer tanto ser substantivo que perde os adjetivos". Um dos educadores mais premiados do país, Tião questiona a cultura da eficácia a qualquer custo, da pressa sem sentido, da objetividade cega. Num intervalo curtíssimo entre duas viagens, encontra tempo para me receber com uma mesa cheia de pães de queijo, bolos e biscoitos, e conversa com a calma de quem não tem compromissos na agenda. Como se fosse preciso, diz que uma das expressões que mais usa hoje é "acolhimento". Enquanto ele parte um bolo, fico imaginando que acolher é forrar o chão de quem chega com adjetivos escolhidos a dedo. O tapete das palavras vazias, de quem agrada porque tem interesse, é o antiacolhimento. Os substantivos empilhados com pragmatismo também. Na sintaxe das relações pessoais, as frases precisam de preposições adequadas, conjunções encaixadas com zelo, verbos bem conjugados, adjetivos precisos.

Acolhimento e gentileza, para Tião Rocha, são gêneros de primeira necessidade, e todos os seus projetos sociais e educacionais levam em conta essas duas práticas. Nas escolas que implantou, os limites convivem com a delicadeza: "Lá ninguém precisa ficar correndo, mandando, gritando ou tocando campainhas e sinos", diz. O objetivo é fazer os meninos se sentirem acolhidos: "Por que há tanta evasão nas escolas? Porque falta acolhimento". E ele faz uma comparação curiosa: "Nossas escolas tradicionais têm a figura do disciplinador. As escolas de samba têm a do diretor de harmonia. Onde dá vontade de ficar?". Desnecessário dizer qual delas inspirou seu projeto pedagógico.

Criador do coral Meninos de Araçuaí, que já gravou com Milton Nascimento, Tião conta uma passagem que ilustra o significado da gentileza: "Foi quando os meninos se preparavam para ir a Paris com o Milton. Perto do dia de embarcar, descobrimos que nenhum deles tinha meias para levar na viagem. Uma amiga minha, então, pediu a uma prima, dona de uma fábrica de malhas em Joinville, que ajudasse. Além das meias, ela mandou pijamas, roupas de baixo – deu um pequeno enxoval a cada um. Na volta, em agradecimento, os meninos mandaram vários desenhos a ela, expressando sua gratidão. A empresária gostou tanto que transformou esses desenhos em estampas de malhas". É preciso traduzir o que se sente por meio de gestos, Tião lembra, materializar a nossa gratidão: "Quando a gentileza passa a ser o caminho natural, as coisas fluem".

Gentileza gera gentileza, como sugere a história de Araçuaí? O profeta Gentileza garantia que sim. Nascido em Cafelândia, no interior de São Paulo, José Datrino foi lavrador, amansador de burros, e mais tarde, morador do Rio de Janeiro, chegou a ser dono de uma transportadora. Mas deixou tudo – bens, trabalho e família – para se dedicar ao que considerava sua missão. De bata branca, estandarte e pregações a favor da gentileza, da bondade e da paz, virou um personagem popular no Rio. Gostava de repetir que "gentileza é o remédio de todos os males" e "gentileza gera gentileza".

José Datrino morreu em 1996, aos 79 anos. E a gentileza, que ele tanto defendia, corre o risco de acabar? Filha do profeta e moradora do Rio de Janeiro, a dona de casa Maria Alice Datrino não é das mais otimistas. Diz que está muito complicado conviver com as pessoas. Peço um exemplo. "Se você pisar no pé de alguém e pedir desculpas, não vai adiantar. A pessoa só falta bater em você. O mundo está muito difícil", queixa-se. Brinco que seu pai deve estar no céu, e pergunto se ela acredita que lá as pessoas são mais gentis do que aqui. "Ninguém voltou para contar como é lá", diz a filha de Gentileza, "mas tem de ser melhor do que aqui. Só pode ser melhor. Aqui está demais. A gente chega a ficar com medo." Definitivamente, não é o mundo com que sonhava o profeta.

IDADE DO GELO

Não há nada tão ruim que não possa piorar, adverte um velho ditado. É dele que me lembro quando peço a várias pessoas para citarem exemplos de falta de gentileza. Tempos atrás – e nem faz tanto tempo assim –, falta de gentileza era conversar (baixo) no cinema, não se levantar ao cumprimentar uma pessoa mais velha, comer algo sem oferecer a quem estivesse perto ou chegar dez minutos atrasado a um compromisso e não se desculpar suficientemente. Um comentário como "que deselegância!" bastava para expressar a nossa indignação. Hoje, os exemplos são outros. São bem diferentes, como estes que ouvi.

- "Há pouco tempo eu estava indo para o trabalho em um micro-ônibus lotado quando uma senhora entrou com uma criança no colo. Ninguém se moveu. Ninguém ofereceu o lugar. Como eu estava em pé, fiquei encarando quem estava sentado pra ver se alguém desconfiava. Nada. Até que um homem, que também estava em pé, gritou pra todo mundo ouvir: 'Tem uma mulher em pé com uma criança no colo. Quem vai ceder o lugar pra ela?'. Só assim ela conseguiu sentar."

- "Sou advogada, e o que vejo de advogados maltratando funcionários de cartórios, achando que podem ser arrogantes pelo simples fato de serem 'doutores'... Mas também vejo funcionários de cartórios maltratando advogados e estagiários. E vejo juízes que nem é bom falar. Enfim, a vida forense é uma bola de neve de falta de educação."

- "Comecei a trabalhar há pouco tempo numa empresa que oferece transporte aos funcionários e estou impressionada com a frieza das pessoas dentro do ônibus. Somos todos colegas, mas o sujeito chega, senta a seu lado e não cumprimenta você. Várias vezes tomei a iniciativa, mas raramente o outro responde. Comentei com uma colega, que me disse: 'Não esquenta a cabeça, não. Aqui é assim mesmo'."

- "O que me mata é jantar num restaurante e o fumante da mesa ao lado, tentando poupar seus companheiros, virar o cigarro na direção oposta, sem a menor consideração com quem está nas outras mesas. O pior é achar que está sendo educado."

"São as águas/da delicadeza/que movem o mundo", diz um poema de Roseana Murray. A julgar pelos exemplos anteriores, o mundo corre o sério risco de parar. Com o combustível da gentileza cada vez mais escasso, vivemos num ecossistema em que as relações pessoais podem estar tão ameaçadas quanto as nascentes dos rios, o tamanduá-bandeira e a onça-pintada. Exagero? Pode ser. Mas, pelo que diz o psicoterapeuta e filósofo italiano Piero Ferrucci em seu livro O *poder da gentileza,* não há muitos motivos para previsões otimistas.

Ferrucci afirma que, em matéria de convivência, estamos em pleno processo de esfriamento global – nos comunicamos de forma cada vez mais impessoal e apressada, e a temperatura das relações interpessoais é cada vez mais baixa. Valores como lucratividade e eficiência são priorizados em detrimento do calor humano. É a Idade do Gelo, argumenta Ferrucci. As causas, segundo ele, são muitas, mas o fato é que, nesta era marcada pelo individualismo e pelos egos inflados, somos cada vez menos competentes para nos relacionar.

Piero Ferrucci classifica como enorme falta de educação o comportamento desatento típico de nossos dias. E dá um exemplo: às vezes, estamos conversando com uma pessoa e, enquanto isso, ela olha em outra direção, lê o jornal, fala sobre algo que não tem nada a ver com o tema da conversa ou, pior ainda, sai e nos deixa falando sozinhos. Segundo o filósofo, essa falta de disponibilidade para com o outro é terrível porque o faz se sentir um zero à esquerda. Ferrucci argumenta que falta empatia, algo que desde a pré-história tem nos ajudado a sobreviver: "Os seres humanos se desenvolvem como parte de uma comunidade, e é impossível participar de uma comunidade quando não se consegue imaginar o que as outras pessoas sentem ou pensam. Esse mesmo princípio vale para as pequenas situações do dia a dia. Uma pessoa que tenta furar a fila, joga lixo na rua ou faz barulho quando os outros estão tentando dormir age assim porque é incapaz de se colocar no lugar do outro". A empatia, ele afirma, é um pré-requisito para termos uma sociedade coesa: se abrirmos mão dela, vamos voltar à barbárie – ou deixar de existir.

"Deveria haver uma brigada antifalta de educação para ligarmos e reclamarmos", diz Ana Lagoa, diretora de jornalismo do Canal Futura. Ela é paulista, e desde a adolescência sonhava em morar no Rio de Janeiro – chegava a pregar fotos da cidade nas capas de seus cadernos. Há mais de trinta anos realizou seu sonho, mas agora, assustada com os comportamentos que tem visto no Rio, brinca que talvez seja hora de levantar acampamento mais uma vez – pensa seriamente em comprar uma casa na serra fluminense. "Cada dia que saio na rua fico imaginando como vai ser daqui a dez anos", diz. "Há poucos dias um jovem me xingou na fila do supermercado, me chamou de velha caquética. Daqui a dez anos ele vai fazer o quê? Me estapear? Não consigo me ver nessa guerra urbana." Ana lembra que, independentemente da cidade, o desrespeito e a falta de cortesia podem ser um grande problema, não apenas na convivência com estranhos ou em espaços públicos, mas no trabalho. "As empresas deveriam inibir a falta de educação, as grosserias e a agressividade. Isso teria de fazer parte da formação dos gestores e da cultura das empresas", argumenta.

Demissões por telefone ou por e-mail, críticas feitas com ironia, gritos, piadinhas de mau gosto, maledicência, incapacidade de pedir "por favor" ou dizer "obrigado" – são muitas as manifestações de falta de gentileza e de civilidade nos ambientes de trabalho. Uma amiga jornalista conta que estava cumprindo um plantão de doze horas no domingo quando seu chefe entrou na redação, pegou os jornais que estavam sobre sua mesa e não deu sequer bom-dia: "Eu havia deixado meu filho de dois anos doente em casa, fui trabalhar preocupada, e meu chefe foi incapaz de me cumprimentar. Aí você pensa: está tudo errado. E se pergunta: o que estou fazendo aqui?".

Daniela, que trabalha numa empresa em que a gentileza não é preocupação central (digamos assim), afirma que o estresse provocado pelo trabalho em si não é nada comparado ao desgaste causado pelo convívio com chefes e colegas mal-educados. Ela dá um exemplo: "Você está falando ao telefone, resolvendo alguma coisa de trabalho. Seu colega chega, vê que você está ao telefone, não pede licença e começa a falar. Ele simplesmente ignora o fato de você estar ocupada. O que ele quer é resolver o problema dele".

Apesar de ser um assunto sério, Daniela acaba me fazendo rir quando descreve o que chama de "técnica para amortecer o impacto da convivência diária com pessoas grosseiras". "Chego em casa à noite e, antes de lanchar, fico dez minutos no meu quarto enchendo balões e depois esvaziando", conta. "É isso mesmo que você ouviu. Pego alguns balões e vou enchendo um por um, pensando em tudo que me desgastou naquele dia. O colega que foi ríspido, o chefe que me deu uma patada – visualizo todas essas coisas negativas enquanto vou enchendo cada balão com força. Depois solto de uma vez; quando o balão esvazia, parece que sai um peso de dentro de mim. É como se estivesse pondo para fora todas as coisas ruins." O exercício terapêutico só tem um porém: não pode ser feito perto da filha de três anos, que, nas poucas vezes que testemunhou o ritual da mãe, achou que era festa de aniversário e, depois de cantar o parabéns, queria bolo e presentes.

"Será que a gente era feliz e não sabia?", brinca Daniela. Depois fala sério: "A sensação que tenho é de que estamos achando cada vez mais natural agir com falta de cortesia. Não duvido nada que exista alguém enchendo balões por aí por causa de alguma falta de educação que cometi e nem notei". Faço o mea-culpa com ela. Sou capaz de pensar num sem-número de vezes em que derrapei no quesito gentileza, e prefiro nem imaginar as outras em que fui indelicada e, assim como Daniela, nem percebi.

AH, OS CELULARES!

A conclusão é de uma pesquisa feita pela agência Public Agenda, dos Estados Unidos. Dentre os comportamentos grosseiros que mais incomodam os americanos, três se destacam: o desrespeito no trânsito, o atendimento ruim, principalmente nas lojas, e o uso inadequado dos celulares. Quarenta por cento dos americanos se dizem irritados com quem fala alto ao celular. Um dos entrevistados comenta: "As pessoas não têm noção de limite. São inacreditáveis os lugares em que usam o celular. Quando alguém pega o aparelho num restaurante e começa a fazer uma ligação atrás da outra…". As reticências são conclusivas.

Aparentemente, os brasileiros coincidem com os americanos nesse ponto. Conversei com dezenas de pessoas sobre a questão da falta de gentileza, e o grau de irritabilidade com o celular chega a ser maior do que com a falta de respeito ao volante. Celulares que tocam insistentemente em cinemas, teatros, palestras, salas de aula, reuniões e até velórios têm tirado muita gente do sério. Mas o cúmulo da falta de gentileza é o fato de as pessoas serem obrigadas a ouvir conversas alheias: "É só conversa chata", diz um médico. "Isso sem falar nos assuntos que chegam a ser constrangedores, de tão pessoais". Inconformada com a desenvoltura e o volume de voz com que as pessoas têm falado ao celular, a inglesa Lynne Truss, autora de um livro cujo subtítulo pode ser traduzido como "a total falta de educação no mundo de hoje, ou seis bons motivos para ficar em casa e trancar a porta", se pergunta: "Será que algumas pessoas perderam a noção de estar em público? Será que algum inibidor vital no cérebro foi desligado?".

Se o problema é de algum neurotransmissor não sei, mas o fato é que há quem se comporte em público como se estivesse na cozinha de casa, e, com essa atitude, nosso cotidiano ganhou uma trilha sonora de qualidade duvidosa. Onde quer que estejamos, há sempre alguém falando alto ao celular. Se um dia fizermos um compacto com os melhores momentos de nossa vida, é muito pouco provável que algum de nós cite aqueles instantes (ou aquelas horas) em que foi obrigado a ouvir conversas telefônicas que não lhe diziam respeito.

Há pouco tempo fiz uma viagem de ônibus que durou seis horas. Por uma hora e meia, uma passageira falou ininterruptamente ao celular em um volume que permitia a todos acompanharem a conversa. Como estava sentada logo atrás dela, fui obrigada a compartilhar cada sílaba. Fechei o livro policial (ótimo) que estava lendo e passei noventa minutos ouvindo: histórias sobre a Sônia, a Luana e o Cleosmar, cujos nomes foram repetidos tantas vezes que hoje me sinto amiga deles; um diálogo tenso com a mãe ("Você pagou a fatura do cartão, mãe? Não, mãe? Por que, mãe? Me esperar? Mãe, eu sou uma só... O que você quer que eu faça, mãe?"); queixas de estresse agudo e cansaço crônico ("Tô quebrada, entendeu? Tem duas noites que não durmo, entendeu? Vontade de procurar um médico e pegar cinco dias de atestado. Você entendeu como é que tem sido meu ritmo? Visitei cinco agências num dia, entendeu? Você entendeu? Entendeu?"). Tive vontade de sugerir à minha companheira de viagem que aproveitasse o tempo no ônibus para descansar, mas achei que ela poderia não entender.

JOGO DA INVISIBILIDADE

"O mundo é maravilhoso", diz minha amiga Orlanda. "Olhe a quantidade de tons de verde, a perfeição da natureza." Quando ela começa elogiando a beleza do mundo, é sinal de que está indignada com alguém, e a conclusão do raciocínio não demora: "Já o ser humano deixa muito a desejar...". Há pouco tempo me encontrei com ela na saída do cemitério, onde tinha ido visitar o túmulo do marido. O motivo de sua indignação era a conversa que havia acabado de ter com um coveiro. Ele disse que a maioria das pessoas trata os coveiros como se fossem defuntos – sem cumprimentar, sem ao menos olhar para eles. Minha amiga estava uma fera: "Eles já têm uma profissão difícil e ainda são tratados como se fossem invisíveis?".

O jogo da invisibilidade a que se refere o italiano P. M. Forni – aquele que nos faz ignorar sumariamente quem passa por nós – parece ser uma prática cada vez mais difundida. Quantas vezes você estava no supermercado ou na farmácia procurando um produto na prateleira e alguém passou entre você e a prateleira sem pedir licença, como se você não existisse? Conto até 150 para não reagir em uma situação assim.

Mas essa é uma invisibilidade sem foco: para o mal-educado, qualquer pessoa que esteja "atrapalhando" o caminho fica invisível. Pior mesmo é quando escolhemos quem enxergar ou deixar de enxergar, quem merece a nossa gentileza. Quando o preconceito entra em cena, a boa educação passa a não existir.

A mistura de indelicadeza e discriminação social foi tema de uma reportagem feita pela jornalista Helenice Laguardia para o jornal *O Tempo*. Durante dois dias ela visitou 27 lojas de shoppings sofisticados de Belo Horizonte: no primeiro, vestida com uma calça de moletom, uma camisa masculina e chinelos; no segundo, "fantasiada" de madame, com vestido de grife e acessórios refinados. É preciso dizer o que aconteceu? "No primeiro dia, ia ao banheiro às vezes para chorar, me acalmar e recuperar o distanciamento que a reportagem exigia", conta Helenice. "Fui ignorada, humilhada e monitorada por seguranças. Alguns vendedores debocharam de mim, outros faziam perguntas agressivas ou até mesmo ofensivas, e muitos simplesmente fingiam que eu não estava ali. Em nenhuma das 27 lojas encontrei uma demonstração genuína de gentileza."

No segundo dia, com o figurino de madame e sem ser reconhecida pelos vendedores, Helenice recebeu tratamento cinco estrelas: não teve de esperar para ser atendida, viu produtos que na véspera estavam "em falta", ouviu elogios, tomou *espressos* e *cappuccinos* e saiu dos shoppings se sentindo pior do que no dia anterior. "Não sabia que as pessoas eram capazes dessa crueldade", diz. "Por mais que a gente tenha consciência de tudo o que acontece, eu não enxergava essa maldade no mundo. Você vale pelo que veste. É tudo um grande teatro, uma grande ilusão." A repórter não culpa os vendedores: "Eles têm a fantasia de conviver com os bacanas. Acham que assim ficam próximos do poder". O que Helenice questiona são os valores de uma sociedade "discriminatória, escrava das aparências, em que as pessoas tratam bem apenas quem interessa a elas".

Um angolano que prefere não se identificar convive com essa discriminação há três anos. Filho de uma economista e de um funcionário de multinacional, ele veio estudar medicina no Brasil e foi surpreendido pela carga de preconceito que encontrou aqui – principalmente o social. Já enfrentou o constrangimento de perceber que pessoas fecham os vidros dos carros nos sinais quando o avistam, ou mulheres se agarram a suas bolsas quando cruzam com ele na calçada. O universitário mora em um bairro de classe média alta, e uma noite, quando estava para entrar em seu prédio, viu um casal passar por ele, entrar e bater a porta. O angolano entrou em seguida e encontrou o casal esperando o elevador. Como a mulher não parava de encará-lo, ele perguntou: "Estou sujo, tem alguma coisa errada comigo? Qual é o problema?". O marido se "desculpou", dizendo: "Sabe como é hoje em dia, né? A gente tem que ficar ligado...". Quando as pessoas ficam sabendo, porém, que é estudante de medicina, mudam a forma de tratá-lo.

O angolano cita dois tipos de comportamento que chamam sua atenção no Brasil: um deles é as pessoas pararem para pedir informações na rua sem antes dizer "bom-dia", "com licença" ou "por favor"; o outro é a atitude dos alunos na sala de aula, quando soltam palavrões e põem os pés sobre as cadeiras. Mas o estudante não acredita que o comportamento mal-educado seja um problema muito maior aqui do que em seu país. Lá também a gentileza tem sido pouco valorizada, ele diz. E termina a nossa conversa com uma daquelas frases que dizem tudo: "Acho que o mundo todo está de patas para o ar".

PRIMEIRA PESSOA DO PLURAL

Música suave, ótimo vinho e um risoto perfeito. Chego à casa do estilista mineiro Ronaldo Fraga e de sua mulher, Ivana, para conversar sobre esse mundo "de patas para o ar" de que falou o estudante angolano, mas encontro o mundo raro da gentileza genuína e quase me esqueço do assunto. Conheço Ronaldo há alguns anos e posso dizer que ele vive da mesma forma com que monta suas coleções e seus desfiles: de um ponto de vista absolutamente pessoal, que descarta atitudes posadas e gestos *fake*. "Talvez eu prefira a falta de educação à falsa educação", diz. "Não adianta você estar numa mesa bem-posta, maravilhosa, e as pessoas se fulminarem com o olhar." Ronaldo argumenta que a falta de delicadeza é o vício de nossa época e diz que é muito fácil cair nele: "Estou sentado com você, falando sobre o valor da gentileza, e saio daqui e sou mal-educado – porque acordei muito cedo ou porque estou cansado. Chego ao aeroporto às seis da manhã de cara amarrada e acabo sendo indelicado".

Segundo o estilista, a delicadeza, que deveria ser algo natural, hoje precisa ser um exercício de vigília. E a frase correta não é "eles estão mal-educados", é "estamos mal-educados, todos nós". Ninguém é uma ilha de educação e gentileza, alega Ronaldo, e ele dá um exemplo interessante: "Quando uma pessoa que eu não esperava se lembra do meu aniversário e me manda um presente ou um cartão, fico mais preocupado do que contente, porque penso – ai, meu Deus, agora vou ser obrigado a me lembrar do aniversário dela. Ou seja, um gesto delicado vira um problema".

No mundo às avessas de hoje, não é difícil tropeçar. Às vezes o tropeção acontece bem longe de casa – no caso do administrador de empresas Wagner Salles foi na China. Ele tem visitado o país com frequência, a trabalho ou em função de sua dissertação de mestrado, que vai tratar de aspectos da economia chinesa. E conta que, durante as reuniões de que participava, a intérprete pedia que esperasse sua vez de falar, porque sempre interrompia alguém: "Morro de vergonha quando me lembro disso", afirma. Wagner observa que as diferenças culturais são imensas – o que é considerado normal na China pode ser visto como falta de gentileza no Brasil e vice-versa. Mas admite que temos muito o que aprender com os chineses: "Nunca vi um chinês atendendo o celular durante uma reunião, algo que fazemos direto aqui no Brasil. Ninguém chega atrasado. Hoje me atrasei por causa do trânsito e você ficou esperando por quarenta minutos – isso jamais aconteceria na China. E eles falam muito mais baixo. Depois de passar trinta ou quarenta dias lá, chego aqui e fico impressionado com o tanto que falamos alto".

Ironicamente, toda essa conversa acontece bem acima do volume ideal: estamos num restaurante lotado e a sensação é de que todos ali foram instruídos a gritar. Olho em volta e não vejo uma única mesa em que as pessoas estejam falando baixo. Chamamos o garçom aos gritos, pedimos a conta em voz alta e em voz mais alta ainda nos despedimos. Com o barulho ambiente, uma das opções seria a leitura labial. Preferimos os gritos. Saio rouca e me sentindo culpada. Meu amigo Ronaldo Fraga tem razão: ninguém é uma ilha de gentileza. Derrapamos todos. E o exercício de vigília que ele propõe para não perdermos a delicadeza tem, de fato, de ser feito na primeira pessoa do plural.

BOAS MANEIRAS
NO CURRÍCULO

Falar baixo é uma das lições ensinadas nas aulas de gentileza a que os alunos da quinta série de uma escola da Alemanha são obrigados a assistir. A escola fica em Bremen, e a disciplina Trato, Modos e Conduta foi implantada depois que a direção tentou que os alunos aprendessem a conviver com mais respeito – entre eles mesmos e com os professores. Na sala de aula, eles são apresentados às regras básicas de comportamento, e treinam o uso de expressões como "com licença" e "obrigado". Quando a matéria foi incluída no currículo escolar e virou assunto da imprensa, o então presidente da Confederação dos Empresários da Alemanha disse numa entrevista que as empresas vinham se confrontando, havia muito tempo, com jovens recém-saídos das escolas que desconheciam as regras mais elementares de convívio social. Ou seja, chegavam com excelente capacitação técnica, mas não conseguiam interagir de forma civilizada.

Converso com um economista considerado pela família e pelos amigos uma pessoa gentil. Cito a experiência da escola alemã, e José de Paiva Neto, de 29 anos, diz que aprendeu em casa a ser educado, mas reconhece que os pais de hoje, estressados e sem tempo, têm deixado lacunas na formação de seus filhos. E faz uma análise interessante: "Meu pai aprendeu a ser gentil com meu avô, uma pessoa extremamente educada, e eu aprendi com meu pai. Mas meu pai me passou menos em termos de gentileza do que meu avô passou para ele, e, quando eu tiver meus filhos, vou passar um pouquinho menos do que aprendi com meu pai. É uma evolução negativa, digamos assim. Isso porque o mundo está mudando e temos de nos adaptar – o que é uma pena".

José Neto diz que, quando era criança, nunca ouviu de seu pai aquele conselho absurdo: "Se seu coleguinha morder você, morda ele também". Mas sabe que a orientação atual é essa e prevê que daqui a pouco vamos ensinar nossas crianças a morder antes de serem mordidas "para que possam ser respeitadas". Ele admite que não é fácil agir com cortesia num mundo que estimula o contrário, mas não quer abrir mão de suas convicções: "Quem é curto e grosso costuma trilhar mais rapidamente os caminhos. Mas não quero viver assim. Sendo educado, pode ser que cinquenta pessoas passem na minha frente. Mas acabo chegando lá – e com meia dúzia de pessoas que importam do meu lado, torcendo por mim. É assim que quero viver, para poder chegar aos noventa com a consciência tranquila".

Quem escolhe fazer de seu cotidiano um exercício de delicadeza e respeito certamente tem mais chance de envelhecer com leveza. E até de se despedir da vida de forma mais leve. Foi o que aconteceu com Antônio Mateus, conhecido como seu Totonho. Mineiro de Carmo do Cajuru, seu Totonho começou a vida como pedreiro. Depois passou a fabricar colchões de palha de milho no porão de sua casa. Pequeno, frágil e de olhos azuis, vestia terno de casimira e chapéu de feltro quando a ocasião exigia. Era um homem de gestos extremamente delicados – pelo menos é assim que a família se lembra dele. "Meu avô não economizava gentilezas", diz o engenheiro Eugênio Nogueira. "Todos os dias levantava-se às cinco da manhã e esquentava água no fogão a lenha para que minha avó pudesse lavar o rosto na cama. Depois, servia café com biscoitos. A delicadeza com a minha avó era impressionante. E para os netos não entrarem no porão onde fazia seus colchões meu avô, em vez de proibir ou se zangar, criava histórias mirabolantes sobre aquela parte da casa. Ficávamos do lado de fora, olhando pelas frestas – uma coisa mágica." Eugênio conta que nem mesmo para se despedir da vida seu Totonho perdeu a delicadeza dos gestos: "Certa madrugada, quando já estava muito doente, ele acordou minha avó e pediu para encostar a cabeça no ombro dela. Pouco depois, morreu, com a mesma suavidade, a mesma poesia com que viveu sempre".

Em uma das últimas conferências que fez, pouco antes de morrer, o escritor inglês Aldous Huxley, autor de *Admirável mundo novo*, contou que as pessoas sempre perguntavam qual era a técnica mais eficaz para transformar sua vida. "É meio constrangedor", revelou, "que, depois de anos e anos de pesquisa, eu tenha de dizer que a melhor resposta é: seja um pouco mais gentil." O episódio, relatado pelo psicoterapeuta Piero Ferrucci em seu livro, resume a importância daquilo que, para alguns, pode parecer supérfluo. E que, apesar de não ser fácil, é possível. "Temos oportunidade o tempo todo de sermos gentis", lembra Ferrucci. Ou seja, é uma questão de escolha.

Um amigo costuma dizer que a frase mais infame da língua portuguesa é "os incomodados que se retirem". E pergunta: "Retirar-se para onde? Júpiter? Vênus? Saturno? Aonde você for terá alguém vivendo de acordo com esse princípio execrável, fazendo o que quiser, do jeito que quiser, e os outros que se danem". Não é bem assim. Tem muita gente se esforçando para encolher o "eu" que nossa cultura inflou e prestando mais atenção no bem-estar alheio. Muitos já estão conscientes de que ninguém é uma ilha de educação e de gentileza, como lembrou o estilista Ronaldo Fraga. É extremamente tentador achar que os mal-educados são os outros, ou que o inferno são os outros, como preferia o filósofo francês Jean-Paul Sartre. Até prova em contrário, mal-educados podemos ser todos nós. Ou gentis, delicados, civilizados, corteses. Uma simples questão de escolha, como sugere Piero Ferrucci. Ainda bem.

Bom humor

*É impolido dar-se ares de importância. É ridículo levar-se a sério.
Não ter humor é não ter humildade, é não ter lucidez,
é não ter leveza, é ser demasiado cheio de si,
é estar demasiado enganado acerca de si.*

André Comte-Sponville, filósofo francês

TARJA ROSA

Responda sem pensar, ou melhor, pense bem e então responda: existe coisa mais desagradável do que conviver com uma pessoa mal-humorada? Você conhece o tipo: aquele chefe que a gente torce para contrair uma virose – branda, mas que o obrigue a se enclausurar três dias em casa; aquela colega que todos comemoram quando entra em licença-maternidade; ou aquele outro que sai trinta dias de férias e parece que tirou apenas uma semana. E o marido que só abre a boca para criticar; a namorada que independentemente dos hormônios fica emburrada; a mãe que reclama de tudo e de todos; o pai que passa dois meses sem rir; o porteiro do prédio que grunhe algo ininteligível em resposta ao nosso bom-dia ou aquela filha a quem é impossível agradar. Se você divide seu cotidiano com pessoas assim, ou se você é uma dessas pessoas que arrastam correntes como se a vida fosse uma casa mal-assombrada, sinto dizer: suas chances de viver com leveza são insignificantes. A exposição permanente ao mau humor (próprio ou alheio) é prejudicial à saúde do espírito e do corpo e totalmente incompatível com estados como descontração e serenidade.

O que não quer dizer, em absoluto, que devemos viver bem-humorados. Aquelas pessoas cronicamente alegres, que existem em estado de efervescência e elogiam tudo o tempo todo, também dificultam a convivência. Sempre achei que, da mesma forma que existem antidepressivos, deveria haver depressivos – remédios de tarja rosa para baixar a bola de quem não acha defeito em nada. Você se queixa de uma dor de dente e o sujeito logo aponta o lado bom da situação, mostra como um canal infeccionado nos ajuda a crescer interiormente, deixa-nos mais fortes e preparados para enfrentar obstáculos. Mas esse é outro filme, bem mais raro de se assistir. O que normalmente se encontra são pessoas com síndrome de *Titanic:* afundam levando todos para baixo – ou você conhece um mal-humorado crônico que não gosta de compartilhar seu estado de espírito? Os deprimidos, os ansiosos e os angustiados muitas vezes processam seu sofrimento interiormente – num esforço gigantesco para poupar quem está perto. O mal-humorado não: faz questão de apresentar ao outro a fatura de sua infelicidade. Quem está perto paga a conta – do que ele consumiu ou, mais frequentemente, deixou de consumir.

Desde que decidi escrever este livro como uma espécie de ensaio para aprender a viver com mais leveza, tenho tentado me defender desses espíritos azedos – o que às vezes implica evitar minha própria companhia, já que tenho momentos de mau humor intenso. E venho conversando com muita gente sobre essa acidez da alma que envenena a convivência. Clarissa, professora de português, deu um exemplo que ilustra bem os efeitos do mau humor: "Em nossa escola tem uma bióloga que fala o tempo todo sobre a preservação do planeta, discorre sobre a fauna e a flora ameaçadas, os rios contaminados, o lixo no fundo dos oceanos. Brincamos que ela não percebe que a maior ameaça que existe ao ecossistema é ela mesma. Vive de cara ruim – aliás, péssima. Quando abre a boca, é para reclamar ou criticar. Sabe aquela presença que pesa? O mau humor dela é tóxico. Faz nossa alegria secar, nosso entusiasmo derreter". Talvez a bióloga tenha a doença do mau humor e não saiba. Talvez ela nunca tenha ouvido falar em distimia.

QUANDO O AZEDUME É DOENÇA

Ele chega à empresa com aquele ar de quem se excedeu à mesa na noite anterior e hoje é duplamente castigado pela acidez estomacal e pelo arrependimento. Na primeira vez em que isso acontece, os colegas juram que é ressaca. Na segunda, já não têm certeza. Na terceira, se dão conta de que o novo funcionário é assim mesmo: a expressão azeda, a cara fechada e a irritabilidade saindo pelos poros não são consequência de nenhuma noite de excessos – o novo colega é simplesmente mal-humorado. Um mês depois de ser admitido, continua de cara feia. Um ano depois, todos se referem a ele como "o chato" ou "o mala". Dois anos depois... bem, dois anos depois o diagnóstico já pode ser selado: o colega azedo muito provavelmente tem uma doença chamada distimia – mau humor crônico que é um tipo de depressão e pode ser tratado (não só pode, como deve!) com antidepressivos e psicoterapia.

A maioria das pessoas que sofrem de distimia não sabe que tem a doença, afirma o psicanalista mineiro Geraldo Caldeira. Para que seja diagnosticada, é necessário que o paciente esteja apresentando os sintomas há pelo menos dois anos, como no exemplo anterior. E, além da irritabilidade, esses sintomas incluem fadiga, desânimo, baixa autoestima, dificuldade de tomar decisões, "pavio curto", tendência ao isolamento e sentimentos de desesperança. Às vezes, o humor melhora por um período, mas jamais chega a ficar normal.

O psiquiatra Táki Cordás (coautor de um livro sobre a doença) faz uma distinção interessante entre distimia e a forma mais conhecida de depressão. Na depressão há uma espécie de ruptura: hoje a pessoa está bem, conversando normalmente, mas amanhã você a encontra na cama, tomada por pensamentos negativos, como a morte. Na distimia essa ruptura não existe. É um processo mais linear. Desde a infância ou a adolescência os distímicos são considerados pela família (primeiro os pais e os irmãos, depois o cônjuge, quando se casam) uma pessoa chata, de difícil relacionamento. No emprego, vivem irritados, de cara amarrada, e os colegas os definem como resmungões e pouco sociáveis. Segundo Cordás, dependendo do nível cultural, a pessoa que tem distimia torna-se pedante, acha que nada está bom ou merece a sua atenção.

A Organização Mundial de Saúde (OMS) calcula que existam 180 milhões de distímicos no mundo. Se você é um deles, procure tratamento já – os psiquiatras são unânimes em dizer que a melhora é expressiva. Se você não tem a doença, mas divide seu dia a dia com quem tem, dependendo do grau de intimidade, sugira, recomende, proponha ou imponha o tratamento – não só pelo bem do distímico, mas porque não há nada mais difícil do que achar graça na vida e ter de dividi-la com quem não acha. Ninguém merece.

QUANDO O AZEDUME NÃO É DOENÇA

Feita a ressalva de que existe um tipo de mau humor que merece ser encarado com uma dose maior de compreensão por se tratar de um problema de saúde, passemos ao outro tipo: aquele que todos nós sentimos em maior ou menor grau, durante períodos longos ou curtos, e que não chega a ser uma doença que requer o uso de medicamentos – mas que, mesmo assim, representa um transtorno para quem é exposto a ele. Segundo o psicanalista Geraldo Caldeira, conviver com uma pessoa mal-humorada exige doses elevadas de serenidade, paciência e compreensão. Detalhe: geralmente o mal--humorado "vence" a parada, contagiando quem está por perto. O contrário é extremamente raro.

A imagem que me ocorre quando penso na convivência diária com uma dessas pessoas azedas é a do rótulo daquele remédio antiquíssimo, Emulsão de Scott, que mostra um pescador com um bacalhau imenso nas costas. Dividir o ambiente de trabalho ou da própria casa com alguém que vive brigado com o mundo equivale a carregar um bacalhau nas costas em tempo integral. Definitivamente, não é uma experiência agradável. Menos prazerosa que ela, somente a perspectiva de interagir com um porco-espinho, animal que o professor e filósofo Pedro Borges associa aos que vivem de mau humor: "Você não tem como chegar no mal-humorado", argumenta. "De qualquer lado que você chega, ele espeta".

Resolvo pesquisar sobre os hábitos do roedor e descubro que ele vem ao mundo pronto para hostilizar: já nasce com espinhos, que endurecem cerca de uma hora depois do nascimento e que podem chegar a 30 mil. Mas ataca apenas quando se sente ameaçado. E tem uma particularidade: é louco por manteiga e sal. Já o mal-humorado não precisa se sentir ameaçado. Espeta, muitas vezes, pelo simples hábito de espetar. No cardápio que a vida oferece a ele, raramente existe algo que devore com genuíno prazer, como o porco-espinho faz com suas duas iguarias. Exatamente o contrário do perfil do professor Pedro Borges, dono de bom humor invejável. "Talvez a maior contribuição que a gente possa dar ao mundo seja a nossa alegria", diz. "Não há nada mais prazeroso do que conviver com uma pessoa alegre." Borges conta que na adolescência namorou uma garota que vivia reclamando de seus problemas. Um dia, vendo que ele estava meio sem paciência com seus dramas, ela perguntou, indignada: "Então você quer ficar comigo apenas quando eu estou bem?". Com toda a calma, o futuro filósofo respondeu: "De preferência. Sei que não pode, mas é".

Um jovem casal que mora em São Paulo vive o desafio diário de conciliar o mau humor da moça com a preferência do marido pelo lado mais luminoso da vida. O amor é lindo, sabemos todos, mas, além disso, é bom que seja tolerante. Quando o mau humor é a característica mais forte de uma das partes, a tolerância da outra parte tem de ser infinita. A de Tiago é – ou tem sido. Vou transcrever aqui o e-mail que ele me mandou contando como é o cotidiano do casal.

"O traço mais visível do mau humor da minha companheira é seu 'hein?', que sempre soa como se eu tivesse acabado de xingá-la. Antes de ir a um compromisso, ela me pergunta: 'Onde fica a rua X?'. 'Ela é perpendicular à praça Y. Na verdade, começa na praça', respondo. 'Hein?!', ela dispara. Até levanto os ombros para me defender.

Quando você se casa com uma pessoa mal-humorada, a vida pode se tornar uma aventura desde os primeiros momentos do dia, já na mesa do café da manhã. Minha mulher geralmente me diz à noite o que vai fazer no dia seguinte. Só que, enquanto tomamos café, gosto de confirmar os planos dela para organizar melhor o meu dia. Mas, assim que pergunto, ela vem com um 'Eu já te disse ontem que...' ou 'Mas eu não te falei ontem que...?', em tom áspero. E se recusa a dar detalhes do que quero saber. Quando tem alguma reclamação a fazer a meu respeito, começa com 'Já cansei de...' ou 'Quantas vezes vou ter de pedir?'. O olhar é sempre bravo, e os gestos são bruscos.

Quando o mau humor dela me afeta várias vezes no mesmo dia, costumo procurar refúgio na prateleira de CDs, na televisão ou na pia – lavo louça. Faço qualquer coisa para ficar longe e não começar uma briga.

Aí, ao me afastar, percebo que não é por maldade que ela faz tudo isso. Muitas vezes ela se aproxima e diz algo bacana como se nada tivesse acontecido, ou até nota que estou chateado e vem conversar. Mas dura pouco. Ela pergunta por que eu estou assim e, no final da minha resposta, adota novamente aquele tom ríspido e diz: 'Ah, deixa de frescura!'. E assim seguimos nossa feliz vida de casados."

DORMINDO COM O INIMIGO

Qualquer imóvel fica pequeno quando se mora com alguém ranzinza. Esse alguém pode ser marido, mulher, filho, filha, sogra, empregada doméstica – não importa. O mau humor atravessa paredes, fica impregnado nas cortinas, embaça os vidros da casa. Flores murcham, receitas desandam, amigos somem, histórias de amor acabam. A sensação é de que o mal-humorado está em todos os cômodos, ouve todas as conversas, desconfia de todos os sorrisos, encontra milhares de coisas para criticar. Só com muito jogo de cintura – e uma reserva considerável de bom humor – é possível dividir uma casa (e a vida) com alguém assim.

Josélia sabe disso melhor que ninguém. Primeiro enfrentou a mãe: "Passei a infância e a adolescência ouvindo minha mãe reclamar. Tudo para ela estava ruim. Aliás, está, porque ela é assim até hoje. Há pouco tempo, estávamos voltando da fazenda quando o carro atolou. Meu irmão, recém-casado, que estava dirigindo, fez de tudo para desatolar o carro. E minha mãe, num de seus acessos de mau humor, tirou o sapato e jogou nele. Minha cunhada, que havia acabado de entrar para a família, ficou paralisada". Josélia conta que saiu de casa aos dezoito anos para se casar, mas descobriu logo que havia arrumado um marido pior que sua mãe: "Não sei se é destino", brinca, "mas minha vida é fazer ginástica para acompanhar gente mal-humorada".

Parece ser também o caso de um professor de direito extremamente conceituado, casado com uma pedagoga conhecida por seu estado de espírito predominantemente sombrio – para usar um eufemismo. Fiquei sabendo que o pai dele criou fama em sua cidade natal como mal-humorado, mas, segundo uma colega de universidade do professor, dificilmente seu pai conseguiria ganhar da mulher do acadêmico no quesito mau humor. "O que esse homem fez para merecer um destino desses?", pergunta. "A mulher dele faz questão de acompanhá-lo nos compromissos e todo mundo se impressiona com seu azedume. Ela critica e põe defeito em tudo, fica de cara amarrada o tempo todo, e quem conhece o professor fica revoltado com a forma como ela o trata. Parece que ela interdita qualquer manifestação de alegria da parte dele. Ele é uma pessoa doce, afável, a quem todos querem bem, uma referência para nós na universidade. E as pessoas comentam que ele está murchando, desbotando – sabe quando alguém perde o viço, o brilho dos olhos? Pois é. Ele está assim. Outro dia alguém comentou que ele está ficando corcunda, e constatei que está mesmo. É um processo de encolhimento, ou até de definhamento, eu diria. Afinal, ninguém consegue conviver impunemente com alguém tão de mal com a vida."

Segundo a professora, a pedagoga telefona para o marido várias vezes ao dia, sempre para reclamar de alguma coisa: "Fica óbvio, pela forma como ele responde, que ela está se queixando de algum problema. Às vezes, ele até comenta conosco, na sala dos professores, porque vê que estamos ouvindo.

Outro dia, ela ligou para se queixar do vazamento de uma pia e não deixava o coitado falar. Queria de todas as maneiras que ele fosse em casa para resolver a questão. Ele já está perto de se aposentar e tem uma carga horária reduzida, mas acaba ficando na universidade quase o dia todo. Ir para casa para ouvir resmungos e consertar pias? É triste. A gente vê aquele homem ali encolhido em seu canto, aquela inteligência brilhante, e a sensação é de que estamos diante de alguém que tinha tudo para ser uma águia e está virando uma coruja, encorcovando-se, depois de conviver esses anos todos com uma mulher que nunca vimos rir. Aliás, o verbo nem é rir. É sorrir mesmo".

Quando a professora diz isso, eu me lembro da história de uma rainha francesa do século XV. Jeanne de Laval vivia de cara feia – nunca ninguém a tinha visto sorrir. Até o dia de seu casamento com o rei René d'Anjou. Na festa, Jeanne experimentou um doce em forma de losango, criado especialmente para ela pelo cozinheiro real – era uma mistura de açúcar, amêndoas e frutas cristalizadas. Ao provar a guloseima, abriu um enorme sorriso, deixando a corte de queixo caído. O doce, que ganhou o nome de *calisson*, atravessou os séculos e hoje é uma das atrações da região da Provence. Mas o efeito terapêutico que poderia ter feito dele um precursor da fluoxetina jamais foi comprovado, o que é uma pena. Imagine a festa que seria se bastasse servir *calissons* para acabar com o azedume de certos ambientes – não só na família, mas também (e talvez acima de tudo) no trabalho.

SER AMARGO OU SER LIGHT

Max Gehringer foi executivo de grandes empresas e deixou a carreira bem-sucedida para falar e escrever sobre o mundo corporativo. Comentarista, conferencista e escritor, ele recorre ao humor para traduzir o funcionamento das empresas e do dia a dia do mundo do trabalho, e é, reconhecidamente, uma pessoa bem-humorada. Ninguém melhor para comentar o papel do bom humor na convivência com chefes e colegas.

Certa vez ele disse que as pessoas saem de casa mais preparadas para um assalto do que para um sorriso. Pergunto a ele se isso significa que os bem-humorados estão deixando de existir. Um sorriso sem razão aparente levanta suspeitas? Foi-se o tempo em que dizíamos que um sorriso desarmava as pessoas? Hoje é o contrário?

Depois de observar que esse é um fenômeno mais comum em grandes metrópoles, Max Gehringer lembra que existe até uma cartilha de recomendações para quem é assaltado: orientações como não reagir, evitar gestos bruscos e coisas do gênero. Mas, ele argumenta: "Se dois carros emparelharem num sinal e um dos motoristas abrir um sorriso, o outro não saberá imediatamente como proceder. E ficará na dúvida entre ignorar, insultar ou sorrir de volta – sendo que a última hipótese é a menos provável". Mesmo assim, Max não acredita que o bom humor tenha se tornado um artigo em falta no mercado: "Está sendo utilizado com mais parcimônia. Nas empresas, com extrema parcimônia, porque parece haver uma linha muito tênue que separa o funcionário bem-humorado do funcionário inconsequente".

Max Gehringer conta que recebe muitas mensagens de pessoas reclamando do mau humor alheio, e alega que na prática é mais fácil criar um ambiente de trabalho carrancudo do que um *light,* porque ofender requer "menos esforço e menos massa cinzenta do que agradar ou elogiar". Como orientaria, então, os que sofrem com colegas mal-humorados? "Minha sugestão é simplesmente desligar o neurônio da resposta agressiva e ligar o do agradecimento, aquele que nos sussurra: 'Obrigado, Senhor, por não ser como esse bronco, que vive na suprema amargura de ter de conviver com ele mesmo o dia inteiro'."

Max afirma que as empresas não dão a devida importância ao bom humor: "Quando um candidato é entrevistado, responde a dezenas de perguntas padronizadas, mas nunca ouvi falar de um entrevistador que pedisse a um candidato: 'Cite um exemplo de uma situação que você resolveu com bom humor'. A maioria das perguntas segue em direção oposta: 'Como você se sente trabalhando sob pressão?', 'Quantas pessoas você já dispensou?'. Há até uma regrinha recomendando ao candidato: 'Sorria apenas se o entrevistador sorrir antes'".

Comento com Max que, na época do regime militar, havia um general em Brasília que (entre tantos) se destacava pelo mau humor inabalável. Na época, meu irmão, repórter do jornal *O Estado de S. Paulo,* perguntou ao ajudante de ordens como o militar conseguia manter aquele mau humor constante – afinal, não é fácil ser azedo 24 horas por dia. O ajudante (ele, sim, bem-humorado) respondeu que o general tinha uma técnica infalível: usava sapatos um número menor do que calçava. Em algumas empresas, digo a Max, a sensação é de que há muita gente usando sapatos apertados – e chefes que estimulam a prática: não riem e não gostam de ver seus funcionários bem-humorados. Max concorda e conta que no início de sua carreira sofreu com sua incapacidade de levar a sério situações que considerava risíveis, mas não desistiu de seu jeito de ser. "Engoli eventuais batráquios e fui levando numa boa. O mais divertido dessa história é que as coisas que eu dizia quando tinha dezoito anos eram as mesmas que continuo dizendo (e escrevendo) até hoje, mas, conforme ia galgando o organograma, as opiniões mudavam de tom. Como office boy, era considerado um entrave. Como presidente da empresa, um exemplo. E sem nunca mudar o discurso. Olhando em retrospecto, diverti-me muito. Quando tinha 25 anos, fui eliminado de um processo de seleção no momento em que o entrevistador perguntou como eu me via dali a cinco anos. Respondi: 'Me vejo com trinta anos'. Fiquei sabendo depois que ele escreveu em minha avaliação: 'Não tem o perfil de seriedade e maturidade que a empresa exige'. É por esses momentos deliciosos que ser bem-humorado vale a pena."

SENSO DE HUMOR

A capacidade de se divertir em situações que nem sempre são divertidas é um traço dos que têm senso de humor – aquelas pessoas que conseguem perceber o lado cômico, tragicômico ou absurdo da realidade. Não é que não levem nada a sério: levam somente o que merece ser levado (que, no final das contas, é muito pouca coisa). Nem todos os que têm senso de humor são bem-humorados. Podem chegar a ser ranzinzas. Mas a capacidade de ver a vida com o filtro do humor é um redutor de peso: tanto a vida fica mais leve como eles próprios pesam menos para quem está ao lado. Há quem comente sobre a própria depressão com impagável senso de humor. Há pessoas que riem e nos fazem rir contando seus fracassos amorosos. E conseguem fazer da realidade algo mais palatável.

"O humor salva", diz Denise Fraga. "A gente devia ter aula de humor, de tão importante que é." Durante nossa conversa em São Paulo, que começou pela gentileza, a atriz contou que tem um lado melancólico, mas disse que, para ela, o humor é quase uma filosofia de vida. Com uma ressalva: "As pessoas acham que o humor significa dar risada.

Não. Humor é você olhar as coisas de longe, de fora, e perceber como somos ridículos".

Passamos do humor para o bom humor. "Tem quem não facilita a vida, né? Que é capaz de pagar para viver de forma ruim", comenta. Pergunto como costuma reagir quando precisa conviver com uma pessoa mal-humorada: "Torço para ela arranjar um supertrabalho... na Itália, por exemplo. Não desejo mal. Só quero que vá para bem longe".

Longe é um lugar que não existe para um grupo de manicures que observo ao longo de uma tarde de trabalho. Funcionárias de um salão que vive cheio, elas se encontram "cara a cara, bem de pertinho", como diz uma delas, pelo menos com uma pessoa mal-humorada por dia. "A gente lida com muita TPM", brinca uma integrante do grupo (que, assim como as outras, não quis se identificar). "Ninguém merece tanto mau humor. Pelo menos uma vez por semana saio daqui e vou dançar para desintoxicar." Outra diz que desconta no marido: "Dependendo do que enfrento aqui, chego em casa, implico com meu marido, que é um santo, tomo um Lexotan e vou dormir". Uma colega, considerada a mais calma e bem-humorada do grupo, pega seu celular e mostra a foto do namorado, um negro musculoso e sem camisa. E diz: "Olha aqui meu Lexotan! Adoro um negão. Perto dele, esqueço tudo o que enfrento aqui". Depois que as colegas se afastam, ela conta um pouco de sua história – e o que não falta nessa história é sofrimento. Pergunto como e com quem aprendeu a ser tão leve, tão bem-humorada: "Sozinha", responde em voz baixa. "As meninas falam que vivo jogando água na fogueira, apaziguando, quando uma de nós tem problema com cliente. Digo sempre que é para evitar fadiga. Ficar mal-humorada com as mal-humoradas piora o desgaste".

Evitar fadiga: é o que faz todos os dias Viviane Pacheco, que trabalha numa lanchonete de estrada no município de Luz, Minas Gerais – um lugar onde sempre paro para comer biscoito frito e me impressiono com o bom humor dessa jovem de 21 anos. Ela brinca com todos os que passam por ali. Às vezes, ouve três pedidos ao mesmo tempo, de pessoas com pressa, e não se abala. "Se o cliente chegar estressado, meu dever é acalmá-lo", diz. "Se eu ficar estressada também, vamos bater de frente. E aí?" Há quatro anos Viviane namora um rapaz que não aceita seu jeito – quer que ela ria e brinque menos. "Não case com ele, não!", digo sem pensar. Viviane ri com gosto, como sempre faz, e sai para atender mais um cliente estressado.

Pedir a alguém bem-humorado que mude é um atentado ao bom senso – que, felizmente, nunca ocorreu na vida de João Alegria, gerente de programação e jornalismo do Canal Futura. O nome que consta de sua certidão de nascimento é João Alves dos Reis Júnior, mas até ele costuma se esquecer disso. Para todos com quem convive é João Alegria. Ele conta que foi "rebatizado" quando morava em uma república de estudantes em Ouro Preto. Os apelidos são uma tradição nas repúblicas, e João ganhou o seu por dois motivos: porque nasceu numa cidade de cinco mil habitantes no interior de São Paulo, chamada Santo Antônio da Alegria, e porque sempre foi "bastante animado", conforme se descreve. O fato é que, graças a esse temperamento leve, o apelido dos tempos de estudante virou seu nome e hoje é sobrenome – registrado em cartório – de seus dois filhos.

Pergunto a João Alegria, ex-diretor do programa *Brasil Legal*, apresentado por Regina Casé, como consegue sintonizar o lado mais ensolarado da vida na maior parte do tempo. Senso de humor e capacidade de ver a vida por uma perspectiva otimista são coisas que se adquirem? "Acho que é aprendizado e escolha", responde. "Há dias em que as coisas não estão fáceis, mas você pode optar por ser gentil, atencioso, bem-humorado. É um aprendizado que passa por uma modelagem, ou uma plástica da personalidade, e está ligado à maneira como você se vê no mundo e que expectativas tem em relação às pessoas. Boa parte do mau humor vem de nossa incapacidade de aceitar as pessoas da maneira que elas são, e que, muitas vezes, não está de acordo com os nossos planos. Mas o fato de o outro nem sempre corresponder às nossas expectativas torna as relações mais lúdicas e mais ricas, incapazes de serem previstas."

João termina a nossa conversa lembrando que o bom humor nos ensina a dar a cada coisa o peso que realmente tem: "Não nos deixa sofrer por coisas menores ou menos importantes, além de nos ajudar a ficar menos tensos. O mau humor, não. Ele nos faz ver drama por toda parte, nos envelhece, adoece e enfeia. Por isso, vamos ficar mal-humorados só com o que realmente merece".

Para dona Zizinha Braga, que nasceu há quase um século num lugarejo chamado Porto Alegre e depois se mudou para Vargem Alegre, até hoje não houve pessoa ou situação que merecesse seu mau humor. O pacto com a alegria – até nos nomes dos lugares onde morou – está quase completando cem anos. Meu amigo Pedro Ávila costuma dizer que "pessoas não são parafusos, que você ajusta com a chave". Dona Zizinha nunca perdeu seu tempo tentando ajustar quem quer que fosse. Foi casada durante 64 anos, ficou viúva há dez, e até hoje chora a perda do marido: "Nunca viramos as costas um para o outro", conta. "Quando a gente discutia, era conversando, sem brigar, e sempre longe dos filhos". Foram treze, quatro deles de criação. Hoje, aos 97 anos, dona

Zizinha mora com uma das filhas em Belo Horizonte, e o genro, que a conhece há mais de quarenta anos, afirma: "Nunca vi minha sogra de mau humor".

"Tenho pena dessas pessoas mal-humoradas", diz a aposentada, enquanto sua filha põe na mesa um daqueles cafés mineiros acompanhados por broas de fubá e biscoitos de queijo. "Isso é gente sem conformação. Temos nossas tristezas, mas é preciso saber suportar. O que adianta fechar a cara, achar que todo mundo tem culpa pelos nossos problemas e sair por aí fazendo careta para os outros?" A receita de bem viver tem alguns ingredientes básicos: "Nunca tive inimizade. Jamais gostei de fofoca. Não tenho raiva de nada nem de ninguém". Gostar, ela gosta mesmo é de ler, plantar árvores, conversar, fazer crochê, bordar e torcer pelo Cruzeiro, E sua memória é prodigiosa: declama estrofes de poemas e canta canções que aprendeu no curso primário – ou seja, há noventa anos.

Faço uma última pergunta: como encara a morte? Atrás de tanta leveza há o medo de morrer? Dona Zizinha toma um gole de café, põe a xícara calmamente na mesa e responde: "Penso na morte, sim, e converso com Deus. Ele pode me levar na hora que quiser". Mas emenda, afobada: "Agora, pedir para morrer não peço, não!". E dá risada de quem ainda quer viver muito – e bem, como sempre fez.

UM PRATO DE MEXIDO

Elisa nunca se esqueceu de seu primeiro beijo. Não porque estivesse apaixonada (e estava). Nem porque o primeiro príncipe encantado fosse especial (e era, garante). O que tornou esse primeiro beijo inesquecível foi que os dois caíram, levaram um tombo assim que começaram a se beijar. Sentada no chão, ela riu até ficar com lágrimas nos olhos, e depois propôs a seu galã adolescente que continuassem. É assim, com leveza e bom humor, que a professora de português costuma lidar com boa parte dos imprevistos e dos problemas que enfrenta. Hoje, aos 39 anos, divorciada e com uma filha adolescente, vive com orçamento apertado. Dá aulas o dia todo, não tem empregada, mora numa casa extremamente simples, cuida dos pais idosos – ou seja, se quisesse, teria motivos de sobra para reclamar da vida ou viver de cara fechada. Mas sua opção é outra: "Tenho consciência dos problemas, das limitações, das frustrações. É claro que gostaria de ter uma casa mais confortável, mas, sempre que possível, prefiro brincar com as circunstâncias, encarar tudo de forma mais leve".

Sua vida amorosa é uma comédia de erros. Passo mais de uma hora ouvindo casos (só eles dariam um livro), e a cada "desastre" relatado ela repete, rindo: "Tudo meu é assim! São só trapalhadas!". Um exemplo? Durante um ano, Elisa trocou e-mails com um advogado, para quem contou ser tão fã de Jô Soares que punha o relógio para despertar só para não perder o programa. O advogado comentou que era parecidíssimo, pelo menos é o que diziam, com um dos músicos do sexteto, cujo nome ele acreditava ser Derico. Elisa enlouqueceu. Tinha fantasias antigas com Derico, e viu ali a chance de vivê-las com o clone do músico, com quem não havia trocado fotos, porque tinha medo de não agradar a ele. Marcaram um encontro. Elisa passou dois dias se produzindo, pegou um ônibus para São Paulo e, num bar romântico, descobriu que seu paquera virtual tinha confundido os nomes do sexteto: ele era a cara do Bira. "Minha decepção foi indisfarçável", conta. "Pior: ele achou que eu não queria nada com ele porque era negro. Nada a ver. Já fui louca por dois namorados negros. Mas esperava o Derico, meu sonho de consumo, e encontrei o Bira, que jamais mexeu com a minha libido".

Meses atrás, a professora conheceu um comerciante no aniversário de uma amiga, e começaram a namorar. A primeira frase que ouviu dele foi: "Adoro mulheres gordas como você". "Não foi nem gordinha, não", conta rindo. "Foi gorda mesmo," A primeira noite num motel também poderia ter sido melhor: "Ele usou camisinha sabor menta! Sabe Halls extraforte? Pois é...". Mas Elisa não perde o bom humor: "Relacionamento é para ser vivido com mais leveza", alega. "As mulheres têm mania de achar que todo homem que entra na vida delas é para sempre. Aí o peso aumenta. Tento relevar algumas coisas e rir de outras."

Dramas, com Elisa, não têm vez. Quando namorava seu ex-marido, os dois brigaram na véspera do dia dos namorados, e ela estava preparada para amargar a solidão na data:

"Cheguei do trabalho pronta para me entregar ao sofrimento", relata. "Espalhei almofadas no chão, pus um disco da Bethânia para provocar aquelas lágrimas bem grossas e deitei. Mas o choro não veio... Aquela tristeza que eu estava esperando não chegou. Depois de perceber que não ia chorar mesmo, tirei o disco, juntei as almofadas e fui comer um bom prato de mexido, porque ninguém é de ferro."

O "detalhe" do mexido não é mero detalhe: Elisa acredita (eu também) que fazer dieta é, quase sempre, um atalho para o mau humor. "Sofrer por amor ainda vá lá", diz. "Mas sofrer por fome provocada por dieta, nem pensar. Prefiro ficar gordinha – ou gorda, como disse o infeliz do meu ex-namorado – a emagrecer passando fome e, junto com meus pneuzinhos, perder o senso de humor."

OH, CÉUS! OH, VIDA!

"Se tiver de ficar mal-humorado, fico sozinho em casa. Não saio por aí esparramando fel, não", afirma o veterinário Odone Rios. Ele marca nossa conversa num bar de Araxá onde tem mesa cativa, e em segundos aparecem a cerveja gelada e meia dúzia de tira-gostos – alguns do próprio bar, outros trazidos de casa –, entre eles, um insólito prato de cajá-manga fatiado, contribuição de um dos amigos que dividem a mesa. Aceito a fruta para não fazer desfeita, como se diz em Minas, e imediatamente me arrependo: o cajá-manga não tem como ser mais azedo. Impossível disfarçar. Vendo minhas caretas, Odone diz: "Meu tio sempre diz que gente velha não pode comer nada azedo, porque leva uma hora para pôr as rugas no lugar". Olho o relógio: felizmente temos tempo. As rugas se acomodam na medida do possível, e a conversa vai em frente.

Explico ao veterinário, conhecido por seu senso de humor, que estou escrevendo sobre a leveza. Nesse momento, passa em frente ao bar uma senhora de 84 anos, dona Fia, que está voltando da missa. Sorridente, cumprimenta todos da mesa, brinca e segue seu caminho. Odone resume: "Essa aí não gasta chinelo. É tão leve que flutua. Não tem tempo ruim com ela". Tempo ruim é coisa que ele também sabe administrar e talvez por isso tenha tantos amigos: seu aniversário precisa ser comemorado em dois dias, porque os convidados não cabem em sua casa. Mau humor é algo que Odone se permite ter – mas, conforme explicou, fica de quarentena até passar. E evita ao máximo um primo de primeiro grau do mau humor: o pessimismo.

O veterinário afirma que nem só de otimismo e otimistas é feito seu histórico familiar. Um de seus tios não podia ver urubus voando em sua fazenda que dizia: "É a Rosada que morreu". Rosada era a vaca preferida do tio, a que ele mais temia perder. Como pessimista incurável, achava que os urubus estavam ali por causa dela. Outro tio, pescador inveterado, sofria de mal de Parkinson e tinha problemas de visão. Mesmo assim, insistia em participar das pescarias em família e não gostava de ser ajudado. Trêmulo, e enxergando pouco, passava horas tentando pôr a linha no anzol. Um dia, um dos sobrinhos não aguentou e disse: "Tio, pelo amor de Deus, pelo menos troque esses óculos!". Com toda a calma, ele respondeu: "Pra quê? Se trocar os óculos, o buraco aumenta, mas a linha engrossa…". E continuou a sua luta. Odone prefere acreditar que, para a maior parte dos problemas, a troca de óculos resolve. Suas botas estão bem mais gastas do que os chinelos de dona Fia, mas, pelo visto, ainda vão durar muito. Já minhas sandálias…

Saio depois de ganhar uma rapadura e um queijo do dono do bar, o Betão, que acompanhou de longe aquela conversa estranha sobre leveza. "Chifre em cabeça de cavalo", deve ter pensado. Mal sabia ele que eu tinha acabado de voltar de Portugal, onde fui entrevistar um casal que ensina as pessoas a ter bom humor, dois especialistas em leveza e otimismo, que dão treinamento para os cronicamente mal-humorados. Como explicar isso a alguém que convive com Odone Rios e dona Fia? Melhor nem tentar.

OTIMISMO SE APRENDE

Uma entrevista que tinha tudo para ser recusada. Parei em Lisboa a caminho da Espanha, e ali, numa estada de apenas dois dias, resolvi tentar a sorte: tinha ouvido falar de um casal de psicólogos portugueses que trabalhava com educação para o otimismo. Mandei um e-mail a eles e pedi uma entrevista em plena semana do Natal. Helena Marujo e Luís Miguel Neto foram um exemplo de leveza: não só me receberam em sua casa, no Estoril, na manhã do último domingo do ano, como depois me levaram para comer um peixe delicioso à beira-mar. Peguei o trem de volta para Lisboa no fim da tarde com a sensação de estar deixando dois amigos.

Doutores em psicologia e professores da Universidade de Lisboa, eles são coautores do livro *Educar para o otimismo* e trabalham com grupos que incluem famílias de baixa renda no arquipélago dos Açores, congregações religiosas, professores, médicos, enfermeiros, executivos e funcionários de empresas. Nas áreas profissionais de maior desgaste o otimismo não é supérfluo, alegam: é uma necessidade vital. Mas como ensinar pessoas estressadas a viver e a trabalhar de forma mais leve? Bom humor se ensina? Otimismo se aprende?

Helena Marujo e Luís Miguel garantem que sim. Alegam que estudos feitos em vários países vêm comprovando que é possível aumentar o grau de otimismo e de bom humor de uma pessoa por meio de exercícios – não a prática vazia da repetição "eu me amo", "a vida é bela", ou outros mantras de autoajuda em frente ao espelho, mas um treinamento com ampla fundamentação teórica e prática. "O otimismo que preconizamos é realista e interveniente, e não uma alegria pateta, desenraizada", esclarecem. "Não é acreditar que tudo vai dar certo sem nada fazer. Desejar intensamente uma coisa sem fazer nada para que ela aconteça não funciona." O treinamento não nega os aspectos ruins da vida: "Todas as pessoas passam por acontecimentos positivos e negativos. A diferença está na forma como veem esses acontecimentos", diz Helena.

Martin Seligman, pai da psicologia positiva e referência central no trabalho do casal português, resume da seguinte forma a diferença: a pessoa pessimista se culpa pelas coisas ruins que acontecem com ela, acha que os acontecimentos negativos demoram a passar e afetam tudo o que ela fizer. A pessoa otimista, quando confrontada com os mesmos problemas, prefere acreditar que eles são obstáculos temporários, limitam-se àquela situação específica e foram provocados pelas circunstâncias, pela falta de sorte ou por outras pessoas – a culpa não é dela. Segundo o norte-americano, uma das descobertas mais importantes da psicologia nos últimos anos é que o indivíduo pode escolher sua maneira de pensar, ou seja, está apto a adquirir novos hábitos mentais. É possível para um pessimista se livrar da "tirania do pessimismo", desde que aprenda a pensar de novas maneiras, um desafio que, apesar de significativo, não é impossível.

Em seu livro *Learned Optimism (Aprenda a ser otimista,* na edição brasileira), Seligman exemplifica como reeducar o pensamento. Ele explica que sempre que alguém depara com uma adversidade reage pensando sobre ela. Rapidamente, os pensamentos se transformam em crenças – acredita-se que aquilo que se pensa é verdadeiro. Essas crenças se tornam tão habituais, tão arraigadas, que nem sequer são percebidas. Mas têm consequências nos sentimentos e na forma de agir. Quando as crenças são positivas, as pessoas sentem-se bem e agem de forma construtiva em relação aos problemas. Quando são negativas, as pessoas são vencidas pelo pessimismo e pelo desânimo, e acabam desistindo de enfrentar as adversidades. Exemplo prático:

- *Adversidade.* Uma mulher de quarenta anos começa um curso de mestrado à noite com o objetivo de progredir na carreira. Quando faz suas primeiras provas, constata que não se saiu tão bem como gostaria.

- *Crença.* Ela se convence de que suas notas foram péssimas, tem certeza de que foram as piores da turma, acha que é burra, que está velha para competir com os jovens de sua sala, e chega à conclusão de que, ainda que consiga terminar o mestrado, ninguém vai dar uma oportunidade profissional a uma pessoa de sua idade.

- *Consequência.* Ela desanima e decide abandonar o curso. Tenta se satisfazer com a posição que ocupa atualmente no trabalho.

O que Seligman propõe é que as crenças negativas sejam confrontadas de forma racional e objetiva para evitar que se desdobrem em comportamentos pessimistas. No caso anterior, ao se dar conta de que está prestes a abrir mão do mestrado por se achar incompetente, a aluna deve parar, avaliar criticamente o que houve e então contra-argumentar com ela mesma: "Estou exagerando. Minhas notas não foram boas, mas não foram péssimas. E não foram as piores da sala: há notas mais baixas. Se não me saí tão bem não foi porque estou com quarenta anos ou porque seja burra, mas porque tenho um trabalho que me ocupa oito horas por dia e uma família para olhar. Diante de minhas limitações, até que não me saí tão mal, mas agora sei que, se quiser obter resultados melhores, vou ter de me esforçar mais. Quanto a conseguir ou não oportunidades profissionais em função do mestrado, vou deixar para pensar quando for o momento. Meu foco agora tem de ser o curso".

Segundo Seligman, ao confrontar suas crenças negativas, a aluna tem a chance de passar do desânimo para um estado de espírito esperançoso, e, em vez de recuar e desistir, vai em frente. Ele alega que essa deve ser nossa atitude no dia a dia se quisermos nos ver livres da ditadura do pessimismo. É preciso questionar as crenças negativas que carregamos no piloto automático, porque muitas delas são frutos de pensamentos distorcidos. Ao examiná-las criticamente, tomamos consciência das distorções e mudamos a maneira de agir.

Nessa linha de educação para o otimismo, a portuguesa Helena Marujo usa treinamentos que incluem exercícios para aprender a cometer erros com o intuito de abrir mão do perfeccionismo (pecado mortal contra o otimismo); abandonar o hábito de "ruminar bovinamente sobre os problemas" (outro pecado) e ter consciência dos comportamentos não verbais – quando sorrio?; quando dou risada?; como está meu corpo quando estou interagindo com alguém? Os exercícios também estimulam formas criativas de reagir aos problemas, de rir dos próprios erros, de provocar o riso em situações de estresse e de encontrar múltiplas interpretações para uma mesma situação, incluindo as alternativas mais divertidas.

Segundo Helena e Luís Miguel, um estudo comparativo feito na década passada comprovou que Portugal era o país da Europa em que as pessoas se consideravam "mais aborrecidas com a vida", além de se apresentarem como as mais intolerantes e as mais desconfiadas. Comento com eles sobre a imagem do bacalhau da Emulsão de Scott. Também em Portugal o remédio ficou famoso pelo gosto inqualificável do óleo de fígado de bacalhau, e ninguém se esquece do rótulo. Os dois concordam que o pessimismo e o mau humor crônico nos fazem passar a vida com um bacalhau nas costas. "Que peso decidimos carregar nos ombros quando optamos por viver zangados...", diz Helena. "Como se avança sem acreditar que é possível melhorar? E como se vive uma vida sempre séria e rígida, sem descontrair ou gargalhar? Temos de mudar da ética do trabalho exigente e estressado para a ética da brincadeira, que nos destrona da forma sisuda e rabugenta de viver." Luís Miguel Neto não resiste ao trocadilho: "Sou um otimista neto", brinca. Mas reafirma que otimismo e senso de humor são coisas que a gente aprende e treina, da mesma forma que treinamos um esporte. E, para não deixar dúvidas do quanto há de escolha pessoal nessa equação, conclui: "Sou otimista porque é a melhor opção".

MAIS QUE NUNCA, O MELHOR REMÉDIO

CENA 1. Em Araxá, um comerciante chega ao armazém e indaga ao dono: "Você tem veneno pra rato?". O dono responde que sim, dá o preço e pergunta: "O senhor vai levar?". Com a pior cara do mundo, o comerciante responde: "Não. Vou trazer os ratos pra comer o veneno aqui".

CENA 2. Em Goiânia, um engenheiro entra numa farmácia para comprar uma caixa de o.b. para sua mulher e, sem saber por onde começar a procurar, olha as prateleiras. Uma vendedora se aproxima e, quando ele diz o que quer, ela pergunta: "De que tipo?". Tipo de o.b.? Por essa o engenheiro não esperava. Diante do silêncio dele, ela emenda: "Máxi, médio ou míni?". Com o ar mais calmo do mundo, ele responde: "Não sei. É a primeira vez que vou usar. Qual deles você sugere?".

Se os estudos que vêm sendo feitos no mundo todo sobre o papel das emoções positivas na saúde estiverem corretos, o engenheiro goiano tem boa chance de desfrutar de uma vida mais longa e mais saudável do que o comerciante mineiro. Os dois têm a mesma faixa etária, o mesmo estilo de vida, e nenhum deles descuida da saúde. Mas, ao contrário do comerciante, que costuma dar demonstrações frequentes de mau humor, o engenheiro é conhecido pelo temperamento descontraído e bem-humorado – o que é uma enorme vantagem. Rir, ter senso de humor, ver a vida de forma mais leve – tudo isso faz bem à saúde, garantem as pesquisas. "O pessimista e o mal-humorado praticamente envenenam seus cérebros", argumenta a neurocientista Sílvia Cardoso, da Universidade Estadual de Campinas (Unicamp), que estuda o riso e seus efeitos. "Quando a pessoa ri, quando é tolerante, quando pensa de forma positiva, ativa no cérebro as substâncias do bem, como a dopamina e as endorfinas. Isso é bom para a saúde e a longevidade."

Uma pesquisa feita com um grupo de freiras nos Estados Unidos comprova a tese. O estudo acompanhou durante anos o cotidiano de quase duzentas religiosas da mesma congregação. Vivendo no mesmo ambiente, com os mesmos hábitos (sem trocadilho) e a mesma alimentação, uma variável foi decisiva para a longevidade das freiras: o estudo provou que as mais alegres e otimistas viviam mais. Noventa por cento delas ultrapassaram os oitenta anos, enquanto entre as pessimistas esse índice foi de apenas 34%.

"A esperança nos dá asas. O desespero nos dá pés de chumbo", argumenta Mario Sergio Cortella, para quem o pessimista é um desistente e um desesperado. Chego para conversar com o filósofo numa noite chuvosa em São Paulo – uma daquelas noites em que toda a cidade parece ter pés de chumbo. Era o último compromisso de sua agenda depois de um dia frenético, e Cortella, que viajaria na madrugada do dia seguinte, ainda tinha de amargar a volta para casa com o trânsito daquele jeito. Qual a chance de um entrevistado, nessas condições, estar bem-humorado? Nenhuma? Era o que eu temia, mas o filósofo foi de um bom humor exemplar. Primeiro reagiu com paciência infinita ao meu vexame: ao ser recepcionada por Flan, seu gato de estimação, eu, que tenho pânico de gatos, derrubei coisas, me escondi atrás de uma planta, bebi água (em vão) para me acalmar, e o gato teve de ficar trancado (e miando de indignação) até o fim da entrevista. Com a expressão melhor do mundo, como se estivéssemos cercados por todas as condições favoráveis, Cortella, coerentemente, falou sobre a importância da leveza. Ele, claro, defende o otimismo crítico – "O otimista ingênuo é um bobo" –, fundamentado em expectativas realistas: "Muitos livros de autoajuda pregam o infactível. Sem factibilidade, o desejo é delírio". Mas a tentação de cair na falta de esperança e no desespero também deve ser evitada. "Nossas avós estavam certas quando diziam que não há mal que sempre dure nem bem que nunca acabe", lembra o filósofo. "Há uma transitoriedade no bom e no ruim". É nessa linha tênue do provisório que temos de aprender a andar – e tanto o otimismo ingênuo quanto o pessimismo descabido podem aumentar o peso e nos fazer cair.

SEM DRAMATIZAR A VIDA

"Não podemos deixar que certas situações ganhem dimensões que não merecem", alegou a portuguesa Helena Marujo em nossa conversa. "Temos de deixar de dramatizar a vida." Nem um tango argentino, nem uma novela mexicana (ou quem sabe nem um fado português?). Parar de dramatizar a vida é fazer um pacto com a leveza, o que significa, além de administrar o otimismo e o pessimismo a nosso favor, aprender a rir, ou se dar mais chances de rir.

Um estudo feito a partir de amostras de sangue de um grupo de pessoas que assistiram a uma comédia com duração de uma hora (as amostras foram colhidas antes, durante e depois da exibição do vídeo) provou que, à medida que os participantes viam o filme, a taxa dos hormônios do estresse no organismo ficava mais baixa. Outro estudo analisou dois grupos de pacientes tratados durante um ano depois de terem tido um ataque cardíaco. No fim do ano, o grupo que, como parte do tratamento, assistia diariamente a um vídeo cômico por dez minutos registrou taxas inferiores dos hormônios do estresse, além de pressão arterial mais baixa e menos arritmia cardíaca.

"É por isso que faço tudo para rir quando posso e até quando não devo", diz minha amiga Juliana, que tem um emprego dos mais desgastantes, mas tenta criar anticorpos contra o estresse lendo livros engraçados, vendo filmes que descontraem e saindo com amigos dispostos a rir. "Fujo de gente sem senso de humor", confessa. Juliana conta que escolheu a Colômbia para passar suas próximas férias por um único motivo: o povo colombiano, segundo leu, é bem-humorado. Além de sombra e água fresca, quer alegria.

Minha amiga provavelmente deve parte dessa capacidade de não dramatizar a vida aos genes. Já se sabe que 50% de nosso potencial de felicidade é determinado pela genética (dado divulgado, entre outros, pela pesquisadora e professora da Universidade da Califórnia Sonja Lyubomirsky). Mas, genética à parte, sobra um considerável espaço de manobra para escolhermos como vamos agir e reagir no dia a dia. Segundo a pesquisadora, apenas 10% do nível de felicidade são fruto das circunstâncias (se somos ricos ou pobres, solteiros ou casados, etc.). Ou seja, somando os 10% com os 50% da genética, sobram 40% para o papel de nossa postura nessa história – aquilo que escolhemos fazer e pensar. Porque pensar é um processo sobre o qual se pode ter controle.

"Nossa capacidade de pensar coisas boas é que vai estruturar o cérebro de tal forma que vamos sentir coisas boas", explica a neurocientista Sílvia Cardoso. "Muitas coisas que pensamos sobre nossos relacionamentos, nosso trabalho e nossas amizades não têm tanta importância, mas deixamos que nos chateiem e até destruam relacionamentos. Temos de aprender a educar os nossos pensamentos. Tudo começa neles e na interpretação que damos às coisas. Se você tem pensamentos negativos, terá emoções e sentimentos inadequados, e tudo dará errado. Mas, ao reeducar esses pensamentos, é possível transformar o cérebro e, transformando o cérebro, mudar a vida", diz. O humor e o bom humor são fundamentais nessa reeducação, porque relativizam as coisas e dão a elas uma perspectiva diferente: "Ser bem-humorado significa perceber que a maior parte das situações que vivemos não é nem muito importante, nem muito séria, nem muito grave", conclui a cientista.

Terêncio foi um engenheiro que construiu meticulosamente a própria felicidade. De seu jeito, claro. Teve uma infinidade de amigos, casou-se algumas vezes, e, segundo um amigo próximo, planejava somente a metade do dia. Quando se levantava, pensava no que faria de manhã. Depois do almoço, planejava a tarde e a noite. E não via nenhum problema em refazer ou desobedecer aos próprios planos. Leve, divertido, um autêntico *bon-vivant*, ele morreu recentemente. Quem chega ao cemitério para visitar seu túmulo encontra o epitáfio encomendado por ele próprio, poucos dias antes de morrer. A placa diz apenas: "Só me faltava essa!". Bom humor até o fim – ou seria o começo? Mas essa já é outra história.

Descomplicação

Minha mãe dizia:
Ferve, água!
Frita, ovo! Pinga, pia!
e tudo obedecia.

Paulo Leminski, poeta curitibano

TRAVESSEIROS DE PENAS

A sugestão chegou por e-mail. Li, reli e só então tive certeza: o produto que estava sendo lançado e divulgado para a imprensa com pompa e circunstância era uma pasta de dentes para cães diabéticos. Pasta de dentes para cães diabéticos? Não falta inventar mais nada, foi a primeira coisa que pensei. Em seguida, lembrei-me da avalanche de produtos – exóticos ou não – que são incorporados diariamente ao nosso cotidiano e cheguei à conclusão (óbvia) de que não há mais limite para o verbo inventar. O que significa que também não há limite para o verbo comprar. Nunca se consumiu tanto nem com tamanha volúpia. Afinal, diante de tantas ofertas, como não sucumbir? Como resistir quando tudo nos convida a gastar? "Ao sensato basta o necessário", afirmou o dramaturgo grego Eurípedes. Mas isso foi no século V a.C., bem antes de inventarem os shopping centers. Naquela época, os cães ainda não escovavam os dentes, e distinguir o necessário do supérfluo era uma prática bem menos complicada.

"Hoje, entramos num supermercado para comprar sabonete e, mesmo sendo apenas para isso, acabamos pegando o carrinho na entrada", diz o antropólogo Tião Rocha. "Dali a pouco o carrinho está cheio. Será que você precisava mesmo daquilo que está levando ou passou a precisar porque viu os produtos e sentiu vontade de comprar?" Silenciosamente amarro minha carapuça. Outro dia entrei numa loja de eletrodomésticos para comprar um liquidificador e, enquanto esperava pela vendedora, avistei uma sanduicheira elétrica. Depois de passar anos preparando meu lanche preferido – um prosaico sanduíche de banana e queijo – numa forma tradicional de misto quente (aquela que se leva ao fogo), tive certeza de que a sanduicheira seria essencial na minha cozinha. Aliás, pensando bem, como podia ter demorado tanto para comprar algo tão prático? Saí feliz com minha mais nova aquisição (além do liquidificador), mas nossa lua de mel durou pouco. Depois de constatar que o pão perdia o gosto de pão, o queijo perdia o gosto de queijo e a banana ganhava um sabor inidentificável, voltei à velha forma de misto quente, que, provavelmente prevendo esse desfecho, me aguardava. Hoje, a sanduicheira jaz, esquecida, no fundo de um armário – espécie de limbo em que convive com uma pequena centrífuga e outros utensílios domésticos que nada acrescentaram à minha cozinha. À minha vida, então, nem se fala.

Quando comento a história com minha amiga Isabel, ela confessa que tem vários limbos em casa. Além de eletrodomésticos, convivem em seu apartamento roupas ainda com etiqueta que jamais serão usadas, cremes para o rosto que provocaram reação alérgica, e um celular que foi comprado depois de a vendedora ter dito que era o máximo em matéria de tecnologia e, claro, iria simplificar a vida. Mas Isabel se atrapalhava com as funções do aparelho, não enxergava os números – acessíveis apenas para quem tem menos de quarenta anos, o que não é seu caso – e não mandava mensagens porque as letras, também microscópicas, começavam a embaralhar. "Por três ou quatro vezes tive o impulso de jogar o celular na parede", conta. "Foram vários acessos de fúria, até que decidi voltar ao aparelho antigo, que nunca me fez raiva."

Por que trocar algo que nos atende perfeitamente bem, como o celular da Isabel e minha forma de misto quente, por um produto que não conhecemos e, eventualmente, pode não nos servir? Cristina, outra amiga que vira e mexe faz compras equivocadas, responde: "Por causa da atração fatal que a gente sente por tudo o que é apresentado como novidade. É como se o novo fosse sempre melhor. Às vezes até é. Mas nem sempre vale a pena gastar para ter algo melhor. Se já tenho um produto similar e de boa qualidade, para que inventar moda?, como diz minha mãe".

Eu me lembrei da minha última compra de roupas de cama. A vendedora perguntou se eu queria algodão nacional ou egípcio, opção que eu desconhecia. Assim que me decidi pelo produto da terra dos faraós, ela exigiu mais uma definição: quantos fios? Duzentos? Trezentos? Quatrocentos? Oitocentos? Imaginei que meu sono merecia oitocentos, mas duzentos era o que meu orçamento permitia, e fiz uma média: fui para casa levando um jogo de lençóis de quatrocentos fios. Não imaginava que a qualidade do produto acabaria me criando um problema: os lençóis são tão macios que agora não quero mais usar os outros. Estão em ótimo estado, são bonitos, mas não foram feitos com algodão egípcio – matéria-prima que agora acho essencial para um bom sono. Quem mandou inventar moda?

"Parece que estamos complicando tudo, até as coisas mais básicas", diz minha amiga Cristina. Ela saiu para comprar travesseiros e ficou espantada com a quantidade de opções. Na dúvida entre o travesseiro da Nasa ("o máximo em tecnologia") e o de penas de ganso ("o máximo em conforto"), acabou optando pelo segundo e se arrependeu amargamente: toda vez que sentia as ondas de calor da menopausa, o travesseiro de penas de ganso ficava encharcado de suor e exalava um cheiro insuportável de galinheiro no quarto. "Não havia noite de amor que resistisse", desabafa Cristina. Seu marido, que participa da conversa, concorda, rindo, e diz que vai pedir um *test drive* se ela decidir comprar os travesseiros da Nasa. "Essas coisas de astronauta a gente nunca sabe...", brinca. "Chega de surpresas no quarto."

COISAS SÃO SÓ COISAS

"Estamos vivendo a doença do muito", costuma dizer a americana Vicki Robin, uma das criadoras do movimento Simplicidade Voluntária e crítica rigorosa do consumismo desenfreado. É uma doença, claro, que acomete aquela parcela da população mundial que tem suas necessidades básicas asseguradas e pode consumir além delas. Segundo Vicki, nos países mais ricos (onde vivem os 20% da população do planeta responsáveis por 86% das compras feitas no mundo), as pessoas com acesso ao consumo estão viciadas no excesso e não têm tempo nem para pensar no que realmente querem. Vão comprando. E vão acumulando. Num dia é o travesseiro do astronauta; no outro, o sapato que vai sair uma única vez do armário. Surgem, então, aquele azeite importado, a roupa de grife, o carro do ano, o eletrodoméstico da década – e mais um armário na casa, ou um apartamento maior, ou um prédio com mais vagas na garagem. Afinal, é preciso acomodar o que se compra.

"Se as pessoas olhassem com mais atenção para sua casa superlotada, se observassem tudo que está ali dentro, talvez comprassem menos", argumenta a psicanalista paulistana

Vera Rita de Mello Ferreira, especialista em psicologia do consumo. O que leva muita gente a consumir, diz Vera, é a falta de contato com as próprias coisas. A pessoa se esquece do que tem e, com a sensação de não ter, acaba comprando mais. Estímulos não faltam: "Além da oferta imensa de produtos, nunca houve tanta publicidade e tanta facilidade de crédito. É difícil resistir a essa gama de tentações".

A questão do uso cada vez menor do dinheiro vivo como forma de pagamento também contribui para estimular as compras desnecessárias. Segundo Vera, ao pagar com cartões e cheques, a pessoa não sente que está gastando: "Diminui muito aquela sensação do dinheiro indo embora". O repertório de justificativas para as compras é conhecido: "Eu mereço", "Vou me dar um presente", "Eu não compro nada para mim", "Mais vale um gosto", "Afinal, a gente trabalha para quê?". Basta uma dessas frases "mágicas" e mais um produto inútil ou incompatível com o orçamento é levado para a casa já superlotada.

Na base desse consumo exagerado está a insatisfação permanente do ser humano, a sensação de que sempre falta algo. "É ela que nos deixa mais vulneráveis aos apelos do marketing, que nos faz ir atrás das ilusões", afirma Vera. É o que Vicki Robin chama de "procurar a felicidade no shopping". Mas a operação de tapa-buracos não se sustenta: "Alguns objetos dão prazer provisório. Outros, nem isso". E o consumidor, mais descontente do que nunca, faz o quê? Compra mais (e se endivida mais), claro, buscando nas coisas o que as coisas não são capazes de dar.

Estamos vivendo o que a psicóloga e consultora de marketing Beth Furtado chama de época de desejos transitórios: "Queremos o que não temos, mas assim que passamos a ter aquilo já não nos interessa mais. O objeto adquirido fica velho no ato da compra". Beth dá um exemplo de como a indústria interpreta e estimula esse apetite pelo novo: no Japão, uma empresa começou a fabricar kits com pastas de dentes menores e em vários sabores, para que o consumidor não fosse obrigado a conviver com o "tédio" de usar dias seguidos a mesma pasta. Quando dava sinais de que estava cansado daquela em uso, era hora de abrir a próxima. Os sabores vão do chocolate amargo ao kiwi, passando por banana, *curry* (!) e chá-verde.

Para lidar com essa loucura toda, a psicanalista Vera Rita Ferreira propõe o caminho do autoconhecimento. "Ele nos ajuda a entender que jamais vamos sentir aquela satisfação plena que buscamos, muito menos consumindo." Sobre o prazer possível, Vera sugere que as pessoas embarquem em formas mais criativas de buscá-lo. E ressalta o quanto é importante investir nos relacionamentos pessoais – amigos, filhos, colegas de trabalho –, porque são eles que nos enriquecem internamente. A relação com o consumismo é clara: "Quanto mais pobre for nossa vida interior, mais sentiremos necessidade de ter coisas".

> Coisas são só coisas
> servem só pra tropeçar
> têm seu brilho no começo
> mas se viro pelo avesso
> são fardo pra carregar
>
> Chico César, compositor, *De uns tempos pra cá*

Enquanto escrevo sobre o consumismo, vou tropeçando nas coisas que comprei sem pensar e sem saber por quê. Coisas que não uso nem me dão prazer, pequenos e grandes fardos. Esbarro num esfoliante para mãos: quem disse que mãos têm de ser esfoliadas? Mas a vendedora me garantiu que as minhas estavam cheias de células mortas (que ela enxergou a olho nu) e eu, envergonhada, adquiri o produto. Olho o livro que ensina a fazer pães: talvez na próxima encarnação. Nesta, somente se meus dias tivessem cinco horas a mais. Abro o armário e avisto um cobertor que comprei quando morava em São Paulo. A compra foi feita num dia gelado, daqueles em que a gente se esquece de que temperaturas eventualmente sobem, ainda mais em um país tropical. Com uma espessura adequada ao Alasca, a supermanta se recusa a ficar dobrada, tamanho o volume. Às vezes, acho até que ela se movimenta durante a noite. O fato é que, ao abrir o armário de manhã, meu cobertor gigante vem ao meu encontro com toda a força, como se ele próprio não aguentasse o calor que produz e quisesse, literalmente, sair do armário. Começa, assim, a minha ginástica matinal – tentando fazer aquele bloco de lá voltar a seu lugar. E pela ducentésima vez me pergunto: "Onde estava com a cabeça quando comprei esse cobertor? Quando virá minha próxima gripe e quantos graus de febre vou precisar ter para conseguir usá-lo?".

Na cultura do excesso, o arrependimento tem ensinado muito pouco. Se o caminho for mesmo o do autoconhecimento, talvez eu precise de mais alguns anos de psicanálise. Acho que ainda não aprendi a receita de seu Roberval, marinheiro e amigo querido da minha família, que já se foi. Quando estávamos hospedados em sua casa, no Rio, antes de dormir ele invariavelmente se despedia, dizendo: "Com licença e boa-noite. É minha hora de olhar para dentro". Seu Rob foi das pessoas mais leves que já conheci. Eternamente vestido com um calção velho e uma camiseta, deve ter passado muito pouco tempo de sua vida contemplando vitrines. Mas não abria mão de olhar para dentro, nem sempre durante o sono. Morreu sem tropeçar nas coisas. Seu encantamento, sabiamente, preferia reservar para as pessoas.

OVOS DE GRIFE

Simone coleciona galinhas. Em seu apartamento de dois quartos convivem quase cem penosas feitas de madeira, ferro, cerâmica, louça e tecido. Quarto, sala, cozinha, banheiro, área de serviço – não há cômodo que escape à invasão das aves. Isso sem falar nas gavetas, em que panos de prato bordados disputam espaço com toalhas de mesa decoradas com... galinhas. A produtora cultural começou a coleção como estratégia anticonsumismo: durante anos, gastava o que não podia por absoluta incapacidade de resistir ao impulso de comprar. Adquiria roupas, bolsas e coisas para a casa. Trocava o carro sem ter condições financeiras. E, a cada vez que ia ao shopping procurar um presente de aniversário, saía com algo para ela mesma – geralmente algo supérfluo, que servia apenas para aumentar suas dívidas e entulhar o apartamento. "Chegava em casa e, invariavelmente, me arrependia", conta. "Jurava a mim mesma que iria parar de consumir bobagens. Mas não conseguia. Cheguei à conclusão de que não estava pronta para abrir mão do ato da compra. A solução era adquirir coisas mais 'inofensivas', que não comprometessem meu orçamento, mas que me dessem aquela alegriazinha que a gente sente na hora de comprar."

Foi assim que Simone começou comprando galinhas – um bicho que ama desde criança – em viagens ou quando vai ao shopping. "Saio feliz com a sacolinha, e fico ainda mais feliz ao ver que estou economizando, porque galinhas não custam caro." Pergunto se não comprar, então, é uma opção inexistente para ela. "Por enquanto é", responde. "Sou uma mulher inteligente, bem resolvida em outros aspectos, mas na questão do consumo, ainda que tenha melhorado muito, continuo apanhando."

É uma derrota compreensível quando se pensa na artilharia usada pelos publicitários. Para cada pessoa que se pergunta "por que comprei isso?", existem vários profissionais às voltas com a pergunta "o que faz as pessoas comprarem esse ou aquele produto?". Os impulsos do consumidor, os desejos mais recônditos, as motivações inconscientes que levam à compra têm sido objeto de estudos minuciosos. Quando você volta do shopping tentando entender por que comprou aquela blusa ou aquele par de tênis que seu orçamento não permite, significa que alguém quebrou muito a cabeça para que você comprasse sem pensar. Ou seja, quando você chega com o milho do arrependimento, o outro lado já foi embora com o fubá.

Nem os ovos escapam dessa lógica. Um dos gurus do marketing da atualidade, o dinamarquês Martin Lindström viaja pelo mundo dando consultoria a empresas que querem fortalecer suas marcas. Em seu livro *Buyology,* conta que foi chamado à Arábia Saudita para consolidar a identidade dos produtos de uma das maiores granjas do mundo. A empresa que o contratou pretendia criar ovos (e o verbo aqui é criar mesmo) que apelassem fortemente aos sentidos do consumidor. Martin descobriu que estava diante de um universo cheio de possibilidades: o produto ovo era mais rico em sutilezas do que esperava. Mas o dinamarquês preferiu investir em algo que já se sabia: quanto mais amarela a gema, mais o ovo agrada ao comprador. Seu desafio era criar o amarelo perfeito, sabendo que as cores podem estabelecer conexões emocionais entre pessoas e marcas. Acrescentar corantes à ração das galinhas seria fácil, mas pouco saudável – opção que o próprio Martin rejeitava. A solução surgiu quando ele encontrou um complexo de vitaminas que, adicionado à ração, produzia gemas com vários tons de amarelo, todos intensos e vivos. Nem Van Gogh, ou talvez só ele. Estavam criados os amarelos perfeitos, para alegria dos avicultores árabes – e, quem sabe, das próprias galinhas?

É por essas e por outras que tanta gente compra o que não pode, o que não precisa e até o que não quer. Quando o que se leva para casa é uma dúzia de ovos de grife, menos mal, mas o estrago costuma ser maior. E o próprio Martin Lindström adverte: a compulsão pelo consumo tende a aumentar, já que os profissionais do marketing estão cada vez mais preparados para acertar o alvo quando se trata de traduzir as motivações do consumidor. O chamado neuromarketing, que ele descreve como um casamento intrigante entre o marketing e a ciência, está apenas começando. Testes envolvendo o que há de mais moderno em tecnologia de medicina diagnóstica, como tomografias computadorizadas e ressonâncias magnéticas, estão sendo feitos para virar do avesso o cérebro do consumidor. Essa vai ser a chave, segundo o dinamarquês, para decifrar pensamentos, sentimentos e desejos inconscientes que estão por trás de cada compra que fazemos, cada decisão que tomamos na hora de levar (ou não levar) um produto para casa. Aquela "alegriazinha" que Simone, a colecionadora de galinhas, diz sentir na hora de comprar já está toda mapeada.

É claro que essa perspectiva assustadora de nos vermos cada vez mais decifrados, e portanto mais vulneráveis, como consumidores tem outro lado. Ao estudar o cérebro para explicar como e por que compramos, a ciência encurta o caminho para que distúrbios de comportamento ligados ao consumo sejam diagnosticados e tratados. Entre eles, a oneomania, um nome difícil para uma doença que, infelizmente, é cada vez mais comum: a compulsão por compras. São casos extremos. Pessoas se endividam, perdem casas, acabam com o patrimônio, comprometem as relações familiares – tudo porque não conseguem ficar sem comprar. Os chamados compradores compulsivos são viciados na compra em si: o objeto que adquirem não tem importância e costuma ficar esquecido. O prazer (ou o "barato", como nas drogas) ocorre só na hora de consumir.

Mas deixo a oneomania de lado para falar com o filósofo Pedro Borges sobre um consumismo um pouco mais brando. Pergunto o que acha de nossa atração pelas coisas e a tentativa de encontrar nelas mais do que são capazes de proporcionar. Primeiro, ele faz uma ressalva: conhece pessoas que, de fato, são mais felizes quando têm "coisas". Não se trata, portanto, de demonizar o consumo. Respiro aliviada, pensando no prazer que sinto ao usar uma roupa que acabei de comprar. Mas meu alívio dura pouco. O filósofo lembra que existe algo chamado relação custo-benefício: "Se o esforço que sou obrigado a despender para ter uma coisa é maior que a satisfação que ela me traz, então não vale a pena. É tudo uma questão de medida, que varia de pessoa para pessoa. Há quem aguente um chefe que chateia o ano todo apenas para poder ir à Europa uma vez por ano. Para mim, essa medida não serve". E Pedro dá outro exemplo: "Se eu puder ter um Mercedes sem que isso me acarrete preocupações e desgaste, vou achar melhor do que ter um fusca. Mas se tiver de vender minha alma ao diabo, não valerá a pena".

Trabalhar mais horas e passar cada vez menos tempo com os amigos e a família para comprar aquele apartamento de luxo. Deixar-se envenenar por um emprego que nos traz zero de alegria para trocar de carro a cada dois anos. Perder o sono pensando nas dívidas feitas para adquirir aquilo que não era necessário, mas vai proporcionar *status*. Dependendo da medida de cada um, tudo isso pode aumentar substancialmente o peso que se carrega pela vida afora. Em troca de algumas "coisas", corre-se o risco de vender a alma em suaves (ou nem tão suaves) prestações.

Jamais me esqueci de uma cena que vi no aeroporto da Cidade do México na década de 1980. Uma garota de uns cinco anos estava deitada em frente a uma loja, fazendo birra – daquelas de se contorcer e gritar. O escândalo era tão grande que as pessoas paravam para ver do que se tratava. Fiz a mesma coisa. Como a mãe gritava junto com a criança, só depois de algum tempo entendi o que estava havendo. A menina queria um brinquedo da loja, que a mãe repetia que não iria comprar. Ela, então, começou a gritar sem parar: "*Compreme algo, mamy, compreme algo...*". Na impossibilidade de conseguir o brinquedo, a mexicaninha passou a querer "algo", uma coisa qualquer. Fosse o que fosse, o que ela queria era comprar.

Hoje, passados quase trinta anos, muitos adultos se encontram na mesma situação – sempre querem algo que esteja à venda. Ou melhor, queremos – primeira pessoa do plural. Incapazes de dizer "não" a nós mesmos, ou de procurar saber por que sentimos tanta necessidade de consumir, vamos comprando. Enquanto isso, quem deita e rola nas lojas dos aeroportos, dos shoppings e de onde quer que se venda algo, mas sem fazer alarde, é o tal do neuromarketing.

OPÇÃO PELA SIMPLICIDADE

Quando a família do baiano Antônio Ângelo conseguiu comprar sua primeira geladeira, a casa ficou cheia. Além dos parentes do produtor rural, foi preciso acomodar os vizinhos, que, segundo Antônio, apareceram todos "para visitar a fazedeira de gelo". Na comunidade pobre onde viviam na década de 1960, geladeira era artigo de luxo e todos queriam saber como funcionava, quanto tinha custado, como os pais de Antônio iriam pagar – enfim, a fazedeira de gelo causou comoção. Os tempos, definitivamente, são outros. Comento a história do baiano com um amigo, que observa: "Se tudo o que comprássemos hoje recebesse visita, ia ter uma procissão o dia todo dentro de casa...".

Alguns anos atrás, a casa do gaúcho Jorge Mello não comportaria a quantidade de visitas. A procissão teria de ficar do lado de fora. Alto funcionário de um banco em Brasília, Jorge morava em um apartamento de cobertura, tinha um carro, duas motos e tudo o mais que o consumo pode proporcionar. Nada que uma crise pessoal, uma série de questionamentos, um período em uma ecovila na Escócia, os ensinamentos do zen-budismo e a vontade de mudar radicalmente de vida não pudessem transformar. Jorge Mello se formou em terapia corporal, foi morar em um quarto de catorze metros quadrados na casa de seu irmão em Porto Alegre e passou a ser o maior divulgador no Brasil do movimento Simplicidade Voluntária, que surgiu nos Estados Unidos na década de 1980 a partir do livro *Simplicidade voluntária,* de Duane Elgin. "Prefiro dizer que é mais um estilo de vida do que um movimento, porque podemos viver com mais simplicidade em qualquer contexto."

Pergunto se foi muito difícil dar essa virada, e o gaúcho responde que difícil não foi – foi desafiador. Basicamente, ele passou a viver com menos: menos dinheiro, menos posses, menos compromissos na agenda, menos preocupação com a quantidade de relações pessoais, menor necessidade de informações. E esclarece que esse caminho é absolutamente pessoal: "Na prática cotidiana da simplicidade não há receita de bolo. Existem critérios e referências bem consistentes, mas cada pessoa deve protagonizar a sua própria opção".

Segundo Jorge, simplificar a vida não é fazer voto de pobreza nem renunciar a tudo que temos. É abrir mão daquilo que nos incomoda e nos prende, coisas e situações que restringem a nossa liberdade e atrapalham os nossos movimentos. O consumismo que nos faz gastar o que não temos ou nos faz acumular o supérfluo é uma dessas cadeias: "Não percebemos que estamos muito carentes e, então, passamos a tentar suprir essas carências – que são de sentido, de beleza, de partilhas – com elementos externos, com bens de consumo".

A simplicidade voluntária propõe focar o essencial. É ser mais generoso, ter mais relações genuínas de afeto, consumir e desperdiçar menos, não se preocupar tanto com *status*. Os excessos são aparados: aquilo que nos desgasta sem necessidade, os fatores de tensão que podem ser evitados, as complicações infinitas que criamos para embaraçar o dia a dia. A opção central é por uma vida exterior mais simples e comedida e uma vida interior mais rica – algo que muita gente consegue fazer durante um mês quando volta de Santiago de Compostela (o duro é continuar depois).

Jorge Mello afirma se sentir muito mais leve desde que escolheu viver com simplicidade. "Costumo dizer que não devemos cometer o equívoco – trágico – de confundir condição de vida com qualidade de vida. Sinto até que os excessos na condição de vida, como conforto em demasia, limitam o nível de autêntica qualidade de vida. Ou vamos nos enfraquecendo progressivamente por nos tornarmos mais e mais dependentes de elementos externos para viver, ou ampliamos cada vez mais os danos ao planeta, tanto no aspecto ambiental quanto no aspecto social."

O impacto do consumismo no planeta é uma das preocupações centrais do Simplicidade Voluntária e da filosofia proposta pelo inglês John Naish que ganhou o nome de *enoughism*. Autor do livro *Enough: breaking free from the world of more* (que pode ser traduzido como Basta: libertando-se do mundo do mais), Naish afirma que devemos aprender a querer menos, ou seja, o bastante deve bastar. Ele acha que estamos consumindo além da conta, nos alimentando além da conta (as porções se agigantam) e produzindo informações além da conta. Perdemos a capacidade de pisar no freio, empurrados pela busca do mais. Essa cultura do exagero está deixando as pessoas que têm poder aquisitivo cada vez mais infelizes, os pobres cada vez mais pobres e o planeta cada vez mais ameaçado. Ou seja, é hora de dizer "basta!".

Jorge Mello já consegue avistar uma luz bem no fim do túnel. Ele alega que, no Brasil, tem aumentado o número de pessoas e de instituições que adotam os princípios do

Simplicidade Voluntária, ainda que não conheçam o movimento e não participem de suas atividades. E não é apenas a opção de viver com menos – é, acima de tudo, a decisão de viver de forma mais consciente e equilibrada. Sem se empanturrar de coisas que são somente coisas, sem buscar a felicidade nelas, e, eventualmente, escolhendo as coisas que, para cada um de nós, vale a pena buscar. Resumindo: tem gente aprendendo a descomplicar.

DO BOM E DO MELHOR

Não faz muito tempo, escrevi um texto sobre a obsessão atual com o melhor: hoje o bom não serve mais. Tem de ser o melhor – de tudo. O texto acabou circulando pela internet e recebi uma quantidade enorme de e-mails de quem se dizia cansado dessa busca incessante e, cá entre nós, sem sentido. Pois é. Descomplicar, na minha modestíssima opinião, passa por aí, por uma aposentadoria compulsória desse conceito de que "o melhor" é sempre melhor. Melhor para quem? Melhor por quê?

Não sei quando foi que começou essa mania, mas hoje só queremos saber do melhor computador, do melhor carro, do melhor emprego, da melhor dieta, da melhor operadora de celular, dos melhores tênis, da melhor mulher, do melhor homem, do melhor vinho. Bom é pouco. O ideal é ter o top de linha, aquele que deixa os outros para trás e nos distingue, nos faz sentir importantes, porque, afinal, estamos com "o melhor". Isso até que outro melhor apareça – e é uma questão de dias ou de horas até isso acontecer. Novas marcas surgem a todo instante. Novas possibilidades também. E o que era o melhor de repente parece superado, modesto, aquém do que podemos ter.

Quando queremos apenas o melhor, passamos a viver aflitos, numa espécie de inquietação permanente, um eterno desassossego. Não desfrutamos do que temos ou conquistamos, porque estamos de olho no que falta conquistar. Cada comercial de TV nos convence de que merecemos ter mais do que temos. Cada artigo que lemos nos faz imaginar que os outros (ah, os outros!...) estão vivendo melhor, comprando melhor, amando melhor, ganhando melhores salários. Aí a gente não relaxa, porque tem de correr atrás – de preferência com o melhor par de tênis.

Não que se deva acomodar ou se contentar sempre com menos. Mas o menos, às vezes, é mais do que suficiente. Se não dirijo a 140, preciso realmente de um carro com tanta potência? Se gosto do que faço no meu trabalho, tenho de subir na empresa e assumir o cargo de chefia que vai me matar de estresse porque é "o melhor cargo da empresa"? E aquela TV de não sei quantas polegadas que acabou com o espaço do meu quarto? Ou o restaurante que tem "o melhor chef", mas cada vez que vou lá sinto saudades da comida de casa? Aquele xampu, usado durante anos, que precisa ser aposentado porque existe um importado "melhor" e dez vezes mais caro? E o cabeleireiro do meu bairro tem mesmo de ser trocado pelo "melhor cabeleireiro"?

Tenho pensado muito no quanto essa busca permanente do melhor tem nos deixado ansiosos e nos impedido de desfrutar o "bom" que já temos. A casa que é pequena, mas nos acolhe. O emprego que não paga tão bem, mas nos traz alegrias. O homem ou a mulher que tem defeitos (como nós), mas nos faz mais felizes do que o "homem perfeito" ou a "mulher perfeita". As férias que não vão ser na Europa, mas vão nos dar a chance de conviver um pouco mais com pessoas que amamos. O rosto que já não é jovem, mas guarda as marcas das histórias que nos constituem. O corpo que já não é jovem, mas está vivo e sente prazer.

Será que a gente precisa mesmo de muito mais que isso? Ou será que isso já é o melhor e, na busca do "melhor", a gente nem percebeu?

OSSOS PORTUGUESES

Depois de passar duas horas conversando com Mario Sergio Cortella sobre leveza (e depois de ter dado o vexame que obrigou o filósofo a trancar seu gato por duas horas), desligo o gravador e, quando já estou me preparando para sair, lembro-me de uma inscrição na entrada da Capela dos Ossos, em Portugal. A capela, que eu havia visitado poucos dias antes, em Évora, é uma construção assustadora, toda recoberta por ossos humanos. E, para lembrar os mais distraídos do quanto a vida é transitória, os monges franciscanos que a construíram no século XVIII inscreveram na entrada: "Nós ossos que aqui estamos pelos vossos esperamos".

Quando começo a citar a inscrição, Cortella me interrompe e mostra um pedaço de papel debaixo do vidro que reveste sua mesa – nele está escrita a frase da Capela dos Ossos. Olho o papel impressionada: uma daquelas coincidências. O filósofo conta que há mais de trinta anos tem o costume de transcrever a frase de Évora em suas agendas, além de conservá-la ali bem à vista em sua mesa de trabalho. Chego à única conclusão a que poderia chegar: se até eles, os filósofos, precisam ser lembrados do quanto nossa condição é precária, imagine nós – e já ia dizer "comuns mortais", até me lembrar de que mortais somos todos. Diante da transitoriedade de tudo, complicar a vida é, no mínimo, falta de inteligência. E era exatamente disso que falava Mario Sergio Cortella em nossa conversa: da vida vivida com mais leveza e simplicidade.

"Vida leve não é vida fácil nem superficial. É vida simples", disse. "E simples não quer dizer pequeno, banal ou simplório. Simples é aquilo que é menos desgastante, que não esgota nossa energia. Posso ter uma vida simples em São Paulo, em Nova York ou na Ilha do Mel, assim como posso ter uma vida complicada em Caxambu, na Ilha do Mel ou em São Paulo." Pergunto por que tem sido tão difícil viver com simplicidade. Quais têm sido os fatores de complicação? O filósofo acredita que o primeiro deles é a falta de sentido: muitas vezes não sabemos por que ou para que fazemos o que estamos fazendo.

É exatamente o que sente um administrador de empresas que conheço e que outro dia, depois de algumas taças de vinho entre amigos, desabafou: "Não sei por que me casei nem por que ainda estou casado. Também não sei o que me faz continuar numa carreira que nunca teve nada a ver comigo. A sensação é de que essa vida que levo foi escrita para outra pessoa – estou no filme errado e não tenho a menor ideia de como faço para sair". Meu amigo ganha um ótimo salário, mora num apartamento de luxo, tem uma mulher bonita, inteligente e simpática, um filho que não dá trabalho e uma vida que muitos gostariam de ter – mas que, para ele, que sempre sonhou com uma vida mais livre e um trabalho criativo, não faz o menor sentido.

O segundo complicador, segundo Cortella, é a desvitalização do cotidiano: não conseguimos repor as energias e vamos vivendo de forma cada vez mais anêmica. Muitas vezes porque estamos presos ao passado. O filósofo adverte que devemos ter raízes e não âncoras em relação ao passado. "Aquilo que já vivi tem de alimentar o que posso e quero viver e não me aprisionar. A pessoa que tem âncoras acha que deveria viver em outro tempo. E, em vez de saudade, tem lamentação: 'Ah, no meu tempo... Ah, se eu pudesse...'. Isso torna a vida complicada."

Cortella aponta também a nossa dificuldade de viver com menos ostentação e de trabalhar de forma menos desgastante. Ele se refere à atual obsessão com a carreira e a acumulação patrimonial como complicadores da vida, e cita Millôr Fernandes: "O importante é ter sem que o ter te tenha". Quando se trabalha além da conta com o objetivo de ter cada vez mais, a vida se enche de nós, cada um mais difícil que o outro de ser desfeito, e é muito fácil ficar preso nessa rede.

O filósofo observa que apreciamos as coisas pelo seu tempo de ausência: "A presença do alimento farto nos enfastia. Beber muito vinho todos os dias retira o prazer que o vinho proporciona. E o sexo sem intervalos ou latências leva ao esgotamento inútil. Sentir saudades é uma das coisas que mais renovam a energia: querer estar, querer abraçar, querer ficar... O desejo resulta da ausência e não da presença excessiva". Mas, na cultura do muito, não dá tempo de sentir falta de nada: "Estamos vivendo numa sociedade soterrada pela presença. Não estamos obesos somente no corpo. Temos uma obesidade de mercadorias, de informações, de trabalhos, de tarefas – e perdemos a leveza".

Até o lazer anda obeso: nossas agendas nos fins de semana, nos feriados e nas férias ficam cheias, nem sempre de atividades que nos dão prazer ou nos preenchem. É como se nos sentíssemos obrigados a nos divertir muito, geralmente vendo aquele filme que todos estão comentando, indo àquele restaurante recém-inaugurado que já virou moda, fazendo o que "todos estão fazendo". Cortella lembra que lazer é tempo livre com escolha: "Preso não tem lazer, nem desempregado. Lazer é ócio, que não é falta do que fazer – é poder escolher o que fazer num tempo em que se é livre. Posso jogar tênis agora, se eu quiser, mas também posso não ir. Posso ouvir música, e posso não ouvir. Lazer é liberdade".

E o filósofo aproveita para questionar a prática, nas empresas, do chamado ócio criativo proposto pelo italiano Domenico de Masi: "Prefiro falar sobre ócio recreativo. A expressão criada pelo De Masi é ótima, o livro dele é muito bom, mas algumas organizações encaram aquilo como tarefa. Quando o ócio criativo tem horário e local e se torna rotina, não cumpre o papel de renovar a energia das pessoas. Algumas empresas adotam esse ócio quase obrigatório e chamam isso de qualidade de vida. Estimulam o chamado vendedor *pit bull*, e, para o sujeito voltar à sua humanidade, colocam-no para fazer *tai chi chuan* ou meditação na parte da manhã. Mas uma mente atormentada não consegue meditar".

Ter de meditar na empresa, ter de ser vendedor agressivo, ter de ser bem-sucedido, ter de se casar e ter filhos, ter de, ter de, ter de... Quando a vida se enche de "ter de", e as razões por trás dessas obrigações não fazem sentido, viver é mais difícil do que "tem de" ser. Cortella conta que, sempre que alguém fica sabendo que ele não dirige, vem a pergunta: "Mas como, você não dirige?". A resposta do filósofo é sempre a mesma: "Não dirijo, não boto ovo, não fabrico rádios – tem um punhado de coisas que eu não faço".

Viver com leveza é poder não fazer um punhado de coisas. Ninguém é obrigado a saber a diferença entre sushi e sashimi, ou a gostar de comida japonesa. Nem existe lei nos obrigando a entender profundamente de vinhos. Só porque "todo mundo" faz algo não é motivo suficiente para imitarmos. Emagrecer, por exemplo. O filósofo Pedro Borges diz que um amigo foi fazer um check-up e o médico lhe disse, todo animado: "Vou receitar um remédio que vai acabar com a sua fome". Ao que o amigo do filósofo – alguns (ou muitos) quilos acima do peso – respondeu: "Minha fome? Nem pensar! Ela é a melhor coisa que eu tenho na vida. Dela não abro mão mesmo!".

Pedro Borges conta uma passagem protagonizada por um mestre de obras de Rondônia, seu João, que nunca havia estudado e estava trabalhando na construção de uma escola. Um dia, o engenheiro responsável chegou todo alegre e disse a seu João que a escola teria cursos de alfabetização para adultos. "O senhor vai aprender a ler, seu João!", anunciou no maior entusiasmo. E o mestre de obras respondeu: "Aprender a ler? Deus me livre! Já não chega o que sou obrigado a escutar?".

O sagrado direito de escolher me faz lembrar de outro episódio, vivido por uma conhecida minha. Ana, professora universitária e consultora, estava num coquetel promovido por uma empresa para a qual presta serviços quando um colega se aproximou, foi logo puxando-a pela mão e disparou: "Vou apresentar você a umas pessoas incríveis. Você tem de conhecê-las". Ana parou, soltou a mão do colega e disse com firmeza: "Não. Já conheço gente demais, não quero conhecer nem ser apresentada a mais ninguém". Quando se chega a esse ponto, ela diz, é porque já se fez muitas coisas na vida sem vontade. "São aquelas coisas que, se você não fizer, ninguém vai sair prejudicado, e, se fizer, vão servir apenas para deixá-la mais cansada, mais desgastada, mais distante do que quer para si mesma."

A possibilidade de ficarmos mais próximos daquilo que desejamos parece ser um dos alicerces na construção de uma vida mais simples. Quando converso com o escritor e jornalista carioca Márcio Vassallo – que escreve e vive com leveza – sobre o exercício da descomplicação, ele põe alguns "mais" e alguns "menos" na balança. Acha que precisamos ficar "menos obcecados pelo sucesso pessoal e de nossos filhos, menos presos ao passado e ao futuro, menos irritados, menos raivosos, menos ressentidos. Mas precisamos aproveitar mais o nosso tempo e reparar mais profundamente em nossos amores, nas pessoas à nossa volta, em nossos desejos essenciais". Na gaveta dos desejos essenciais, muitas coisas que nos aproximariam de nós mesmos costumam ficar esquecidas. Para viver com menos peso, é preciso remexer nessa e em outras gavetas.

Márcio Vassallo alega que muita gente confunde simplicidade com banalidade e superficialidade, mas não há nada mais autêntico e profundo do que ser simples. E conclui: teve sorte de estar próximo de pessoas que não o deixaram – ou deixam – se esquecer disso. "Meu pai me educou para descobrir as surpresas mais simples do cotidiano. Minha mãe me ensinou a reparar em cena bonita que ninguém vê. E meu filho, Gabriel, me lembra de tudo o que meus pais me ensinaram, com gestos e frases que amansam meu coração, clareiam meus sentimentos e dão leveza ao meu dia." Simples assim.

MEDO DE E-MAIL

"Acelerador de e-mails: envie e receba suas mensagens até quatro vezes mais rápido!" A oferta, ilustrada por um raio, veio por e-mail e me afligiu tanto que desliguei o computador, com medo de minhas mensagens já estarem chegando com uma rapidez quatro vezes maior. Imaginei uma caixa de entrada derramando sílabas, com palavras saindo por todos os lados, me cobrindo com a força e a velocidade de um *tsunami* e exigindo respostas imediatas. Era um pesadelo e eu estava acordada.

Não adianta. Podem dizer que a internet é a invenção mais genial do milênio e a possibilidade de nos comunicarmos por e-mails, algo fantástico, sensacional, extraordinário. Concordo – mesmo porque, para discordar, é preciso ter muita coragem. Eu não tenho. Mas acho que, desde que a internet e os e-mails entranharam o nosso cotidiano, viver, por um lado, ficou mais simples, mas, por outro, está muito mais complicado. Tenho medo de abrir a minha caixa de entrada: medo de ter mais mensagens do que consigo responder; medo de receber correntes de orações que não vou encaminhar a ninguém e ficar com a aflição de estar à mercê da ira divina; medo de encontrar convites que vou ter de recusar; medo de quererem me adicionar como amiga, expressão que até hoje não entendi bem, e medo de dizer não para uma proposta de amizade dessa pessoa que não consigo lembrar quem é, mas que está sendo tão gentil. Ou isso não é gentileza, é só um gesto rotineiro no mundo virtual?

Transito por esse mundo da internet como aqueles turistas que compram um livrinho de bolso com palavras e expressões essenciais da língua de um país e descobrem duas horas depois de desembarcar que a listinha que decoraram não se aplica a nenhuma situação encontrada pela frente. Cada vez que circulo pelo mundo virtual, tenho a sensação de que acabei de chegar a Tóquio sozinha com um livro de bolso que me ensina a dizer somente "obrigada" e "bom-dia" em japonês. Finjo uma intimidade que nunca tive e uma desenvoltura que nunca vou ter. Quando estou numa sala de embarque em qualquer aeroporto, vejo todo mundo teclando freneticamente (enquanto meu laptop descansa na bagagem de mão) e penso: o que eles sentem que eu não consigo sentir? Por que não conseguem ficar longe de seus computadores e eu pago para que isso aconteça? Que prazer é esse que um laptop proporciona? Quais são as sensações indescritíveis que acompanham a experiência de receber e mandar e-mails? Que especialista devo consultar para sentir o que os outros sentem quando estão conectados? Ou será que, também no mundo virtual, tem muita gente fingindo que sente prazer?

Como jornalista, recebo várias sugestões de reportagem por e-mail. Todo dia, quando abro minha caixa de entrada, encontro títulos como: "Implante dentário sem corte", "Tecidos inteligentes", "Elásticos para cabelos", "Gel para os pés", "Palestra sobre gestão avícola", "Cuidado com os ácaros nos automóveis!", "Como evitar o sapinho em bebês". Enquanto deleto a primeira safra, a segunda vai chegando, acompanhada por e-mails pessoais que exigem respostas curtas, médias ou longas, objetivas ou subjetivas, engraçadas ou circunspectas – cada mensagem pede um formato, um tom, um estado de espírito, e a gente viaja dos ácaros nos automóveis para a amiga que está tendo problemas com o marido em segundos, obrigando o cérebro a cumprir com eficiência e graça esse deslocamento.

Com o celular, tenho a mesma dificuldade – ou a mesma resistência. É outra invenção genial. Concordo: difícil imaginar a vida sem ele. Mas é justamente porque ele não se separa mais da vida que virou um complicador – nem é preciso detalhar as circunstâncias ou dar exemplos. O que eu não entendo, também nesse caso, é a devoção ou a obsessão por esse aparelho. O avião mal bate no solo e já tem gente falando ao celular, apesar da orientação contrária do comandante. De todas as conversas que ouvi até hoje nos corredores de aviões, não me lembro de nenhuma que sugerisse qualquer urgência. Nos restaurantes, nos velórios, nas festas, no teatro, na praia, nas salas de espera, no cabeleireiro – parece que somos todos cardiologistas com pacientes recém-operados. Não podemos nos separar um minuto de nossos celulares, porque a qualquer hora pode surgir uma emergência.

Até os monges aderiram. Há dois anos fui a Dharamsala, sede do governo tibetano no exílio, que fica na Índia, e o que mais me chamou a atenção naquela cidade aos pés do Himalaia, onde mora o Dalai Lama, foi a quantidade de monges falando sem parar ao celular. Pensando bem, acho que não vi nenhum monge que não estivesse falando ou, pelo menos, carregando um celular. Fomos a uma casa de chá, e a cena que presenciei poderia ter acontecido em qualquer restaurante brasileiro: três monges chegaram falando ao telefone e assim continuaram. Cada um tomando seu chá, cada um completamente envolvido em sua conversa telefônica, alheio à presença das duas outras pessoas na mesa. Quando penso em Dharamsala, que imaginava um lugar de peregrinação marcado pela espiritualidade e o silêncio, a imagem que me vem primeiro à cabeça é a dos grupos de monges passando pelas ruas com suas roupas coloridas e seus celulares colados ao ouvido – falando, falando, falando, como se fossem corretores estressados de Wall Street.

Mais conectadas do que os budistas na Índia, só as prostitutas do famoso Distrito da Luz Vermelha de Amsterdã. Naquelas vitrines em que se expõem para os possíveis clientes (e para as hordas de turistas), vi duas ou três falando ao celular. Figurino reduzidíssimo, poses sensuais – parte do script estava dentro do esperado. Mas, enquanto se exibiam, conversavam por telefone como se estivessem em suas casas – ou talvez numa casa de chá de Dharamsala. E a carga de erotismo caía drasticamente. Primeiro, achei que eram telefonemas de negócios – até os clientes da rua se decidirem, pensei, vão negociando com outros clientes. Ou talvez fosse uma espécie de Disque Sexo. Mas, quando me aproximei, vi que eram aquelas conversas intermináveis que só se tem com amigas, para pôr as fofocas em dia ou simplesmente para passar o tempo.

Nada contra os monges tibetanos. Nem contra os celulares ou a internet. Menos ainda contra as moças de Amsterdã (ficar sem roupa numa vitrine, diante de cinquenta pares de olhos, numa noite de inverno, não deve ser fácil). Mas estar conectado 24 horas, no trabalho e em casa, nos fins de semana e nas férias, nos aviões e na praia, com celular e computador ligados a qualquer momento e em qualquer ponto do planeta, não sei não. Tem quem goste. Tem quem ame. Confesso que não é o meu caso, talvez por incapacidade de conciliar essa conexão em tempo integral com a busca de uma vida mais leve – que é o que mais quero hoje.

TECNOLOGIA: MODO DE USAR

Não se assuste se você receber um e-mail com data de hoje de alguém que morreu na semana passada ou há um mês – ainda não criaram um canal virtual com o além. Mas já existem sites especializados em e-mails póstumos. Basta a pessoa pagar uma taxa e, assim que partir desta para a melhor (ou assim se espera), as mensagens de gratidão, amor, perdão – ou aquelas confissões que antigamente ficavam em cartas trancadas nas gavetas com instruções para serem lidas só depois da morte de quem escreveu – chegam aos parentes, amigos, colegas de trabalho e até eventuais desafetos via e-mail. Os pacotes póstumos variam de acordo com a quantidade de e-mails que serão enviados. Um site da Índia oferece três tipos de pacote: básico, standard e premium, chamados respectivamente de *eternal*, *eternally* e *eternity* – sutis diferenças.

Se até depois de mortos insistimos em ficar on-line, imagine em vida o que tem sido a nossa dependência, não só da internet, mas da tecnologia em geral. Computadores, celulares, iPhones, iPods, fax – há uma rede de conexões que nos estimula a ficar plugados em tempo integral, e até quem não gosta acaba se esquecendo de como é viver de outra maneira. Estou escrevendo este capítulo em Portugal. Aluguei uma casa em Cascais por três semanas e vim com o objetivo único de me isolar e escrever. Queria silêncio, recolhimento, solidão – e tudo isso Cascais está me oferecendo. Mas, no dia em que cheguei, depois de fazer o reconhecimento do terreno e ajeitar minhas coisas, adivinhe qual foi a primeira providência que tomei? Ver o que era preciso para ter acesso à internet. Ah, e comprar um celular. Depois de devidamente conectada, comecei meu "isolamento".

Na meia hora que tenho tirado por dia para ler jornais e ver TV, fiquei sabendo que nos últimos cinco anos o número de jovens viciados em internet na China praticamente dobrou (já são 24 milhões); na Inglaterra, psiquiatras têm alertado para o agravamento do problema entre os estudantes, e nos Estados Unidos há clínicas especializadas no tratamento de dependência da internet. Entre as informações preocupantes, uma notícia *light*, mas não menos sintomática dos nossos tempos: na Quarta-Feira de Cinzas, os jesuítas portugueses lançaram um site de orações para serem ouvidas "a qualquer hora e em qualquer lugar". São cerca de dez minutos diários de preces em formato de MP3, que podem ser baixadas gratuitamente e ouvidas no iPod ao longo do dia – por exemplo, a caminho do trabalho ou da escola. Um dos religiosos responsáveis pela iniciativa argumentou que a vida urbana hoje é marcada pela mobilidade e que, além disso, Deus não se encontra só nas igrejas. O lançamento foi destaque na imprensa de Portugal, e nas primeiras doze horas de funcionamento o site recebeu mais de 30 mil visitas.

O fato é que, seja para rezar, comunicar-se com os amigos, decidir questões na empresa ou se despedir dos entes queridos, as pessoas não "funcionam" mais sem tecnologia – algumas porque já não conseguem viver sem ela, outras porque não têm escolha: mesmo resistindo, esbarram nas novidades tecnológicas a cada segundo. Numa livraria, por exemplo: você pega um livro, não encontra o preço e, ao perguntar ao vendedor, fica sabendo que é preciso fazer a leitura do código de barras. Se for algo que você nunca fez, provavelmente irá enfrentar alguns momentos de constrangimento. A sensação que se tem é de que todos estão acompanhando suas tentativas frustradas de encontrar o sensor e você sonha, naquela hora, com a privacidade de uma cabine de votação para garantir o anonimato de sua incompetência. Se, depois de tudo, conseguir, ótimo. Se não der certo, vem o pior: chamar aquele vendedor impaciente e aguentar o olhar de profundo desprezo com que irá ouvir seu pedido de ajuda. Aliás, ainda não é o pior. A parte mais dura é quando você resolve contar a história para um amigo e ele, inclementemente, pergunta: "Você está falando sério? Nunca havia lido um código de barras? Qualquer garoto de cinco anos hoje faz isso!".

Qualquer garoto de cinco anos hoje faz tudo, o que ajuda a aumentar o número de casos no mundo do chamado tecnoestresse, conjunto de sintomas que pode incluir ansiedade, irritabilidade, sentimentos de inferioridade e profundo desconforto provocados pela convivência cotidiana e cada vez maior com a tecnologia. O tecnoestresse pode ser causado tanto pela falta de intimidade, pelo medo ou pela aversão à tecnologia quanto pela convivência exagerada ou inadequada com ela. Podem ser afetados tanto os viciados em internet e celulares quanto o cliente da livraria que se aflige porque não consegue decifrar o leitor de código de barras. E não é preciso estar num desses extremos para sofrer de estresse tecnológico. Ele é muito mais frequente do que parece. Alguns sinais de tecnoestresse? Aquele ataque de nervos que se tem ao constatar que o provedor da internet está fora do ar ou que o celular está sem sinal. A raiva que se sente quando o computador está lento ou quando, ao contrário, nosso raciocínio não consegue acompanhar o ritmo do computador. Aquele desconforto ao perceber que há quase meia hora o celular não toca (esqueceram de mim?). A sensação de que somos obrigados a acompanhar a avalanche de informações que nos chega e o cansaço decorrente da tentativa (vã) de tudo ler, tudo ver, tudo saber – enfim, de estar por dentro de tudo.

Dois pesquisadores pioneiros do tema, os americanos Michelle Weil e Larry Rosen, afirmam que a tecnologia tem afetado nossa saúde física e emocional e nossos relacionamentos familiares, sociais e profissionais, causando mudanças profundas em nossa vida. Eles fazem questão de deixar claro que não são contra os avanços tecnológicos – são contra o mau uso que se faz deles. E recomendam: temos de aprender a estabelecer limites e a usar a tecnologia a nosso favor se não quisermos adoecer. Além dos sintomas já citados, o tecnoestresse acarreta cansaço crônico, dificuldades para dormir, incapacidade de se concentrar e angústia. Ou seja, o estrago é grande. E as ironias, infinitas: existe um site na internet para ajudar pessoas viciadas em internet. Em outras palavras: aumente seu estresse tecnológico na tentativa de acabar com ele.

No livro *The Tyranny of E-mail* (A tirania do e-mail), o jovem escritor e crítico literário americano John Freeman faz uma pergunta interessante: quantos dos momentos mais alegres e significativos de nossa vida, aqueles que a gente não esquece, foram vividos em frente a uma tela de computador? Ele reconhece que a internet é uma ferramenta extremamente valiosa, mas lembra que, por mais benefícios que traga, é apenas um complemento ao nosso mundo e é como tal que deve ser encarada. Freeman lamenta a troca das relações de amizade no mundo real (complicadas, mas reais) pelas amizades "embaladas a vácuo" dos sites de relacionamentos. Também se preocupa com o desaparecimento das fronteiras entre a casa e o trabalho – o computador ligado em casa nos faz continuar trabalhando e rouba o tempo que poderia ser para a convivência familiar e o descanso. Segundo Freeman, as noções de tempo e espaço foram profundamente alteradas pela tecnologia, e a gente vai tentando se adaptar como pode – ou acha que pode. "Isso não é vida", afirma. "Estar constantemente plugado provoca esgotamento emocional, físico e no trabalho, além de infelicidade." Para quem alega que os e-mails representam enorme economia de tempo (hoje, para comprar ingressos para um show, ou encaminhar um currículo, não é preciso mais sair de casa), Freeman contra-argumenta: o tempo que esses e-mails nos permitem economizar aparentemente tem sido utilizado para escrever e responder outros e-mails.

Além disso, ou de tudo isso, o americano aponta um dos grandes complicadores da vida movida a tecnologia: a dificuldade de concentração nos ambientes de trabalho. Nunca se trabalhou em lugares tão dispersivos, tão cheios de estímulos capazes de nos distrair e interromper. Enquanto você tenta redigir um relatório, o telefone fixo toca dez vezes, o celular chama a cada cinco minutos, os fax não param de chegar, os e-mails, nem se fala, e enquanto você responde parte dos emails chegam duas mensagens pelo celular... Concentrar-se como?

Um amigo meu se queixava exatamente disso outro dia. Disse que a maior causa de seu cansaço crônico é a impossibilidade de se concentrar para produzir como gostaria. Todos os dias vai para casa com a sensação de que fez menos do que deveria – apesar de não ter parado um minuto e ter ficado além do horário. "É tanto aparelho tocando, tanta solicitação, tanta coisa para resolver, tanta gente me puxando de tudo quanto é lado... e, quando não me puxam, sou eu que me distraio mesmo."

Num mundo em que até os mortos mandam e-mails, a tendência é sermos cada vez mais solicitados. Se não aprendermos a nos defender do excesso de estímulos nos desligando ou desligando alguns equipamentos da tomada, correremos o risco de nos juntar, bem antes do que gostaríamos, aos que postam mensagens do outro lado.

BOAS MANEIRAS (E BOM SENSO) NA REDE

Vou transcrever aqui uma história que o escritor, jornalista e editor Márcio Vassallo me contou em uma entrevista por e-mail sobre o uso da tecnologia. Acho que ilustra com perfeição o que tem sido um dos lados mais espinhosos da comunicação virtual.

"Certa vez, no fim de tarde, abri a caixa postal do meu computador e encontrei a mensagem de um escritor. Num primeiro e-mail, enviado às seis da manhã, ele se apresentava e dizia que gostaria de me contratar para avaliar um livro que havia escrito, e me pedia detalhes sobre o trabalho de avaliação que faço com autores. Depois, vi também que já havia um segundo e-mail, enviado ao meio-dia, num tom ainda mais ansioso, em que me perguntava se eu havia recebido a mensagem anterior. Por fim, abri o e-mail que ele me mandou às cinco da tarde, terminando o nosso breve relacionamento. Nessa mensagem, o sujeito me dizia assim: 'Vejo que não respondeu aos meus e-mails, provavelmente por não apostar no meu trabalho. Ok. Imagino que você deva ter coisas mais importantes para fazer e não dispõe de um tempo mínimo para gastar com autores ainda desconhecidos do grande público. Mesmo assim, desejo-lhe sucesso com os seus afazeres exclusivos para gente famosa e importante. Boa sorte e adeus. Peço que não se dê ao trabalho de responder'. Realmente não me dei ao trabalho de responder. A tecnologia existe para aproximar as pessoas. Mas, em geral, as pessoas a usam para se afastar umas das outras."

A tecnologia não tem alma, não tem caráter e não tem ética, disse numa entrevista à revista *Marie Claire* o pernambucano Sílvio Meira, consultor da ONU na área de desenvolvimento científico e tecnológico. A tecnologia também não tem bom senso e não sabe o que são boas maneiras, pode-se acrescentar. Tudo isso quem deve ter somos nós, os usuários, e, quando se trata de e-mails, aparentemente temos muito chão para andar. Pelo menos no que diz respeito à gentileza, o percurso é longo. Numa pesquisa feita pelo Yahoo com 13 mil pessoas que utilizam e-mail, a maioria tirou nota C – no teste de boas maneiras, o que equivale, aproximadamente, ao nosso 5,5.

Também no mundo virtual, vale o que disse P. M. Forni, o especialista em civilidade da Universidade Johns Hopkins: gentileza é qualidade de vida, porque facilita imensamente as relações pessoais. E-mails invasivos, cobranças indevidas, avalanche de mensagens que não fariam a menor falta – nada disso ajuda na convivência e na comunicação. Para quem recebe, é um empurrão para o tecnoestresse. Para quem manda, pode representar desde o desgaste de uma relação de amizade até uma porta que se fecha no terreno profissional.

Conversei com várias pessoas sobre comportamentos inadequados e/ou irritantes no uso do e-mail, e as queixas são infinitas. Mas há os campeões de impopularidade. Um deles, previsivelmente, é o e-mail desnecessário por razões geográficas: quem envia trabalha a um metro e meio de sua mesa e não precisaria nem falar alto para que você ouvisse. Mas ele (ou ela) prefere agir como se estivesse em outra cidade ou outro hemisfério e manda uma mensagem de dois parágrafos. Depois olha fixamente para a tela, esperando você responder. Em sua direção, o colega viciado em e-mail não olha jamais, com medo de você interpretar como um convite para se aproximar e dar pessoalmente aquela resposta virtual que ele tanto deseja.

Existem vários outros tipos de e-mails desnecessários, entre eles, o "complemento de telefonema". O exemplo é clássico: você está explicando alguma coisa por telefone e, quando chega ao meio da explicação, ou quando já se passaram dois terços dela, seu interlocutor interrompe e diz: "Me manda isso por e-mail". Como assim? Faltava tão pouco para terminar... A gente podia resolver tudo agora... Mas, não. Você tem de ligar o computador, repetir por escrito o que acabou de dizer e complementar com uma ou duas frases que a outra pessoa não teve paciência de ouvir. "Às vezes é só para fazer gênero", espeta minha amiga Raquel. "A pessoa se sente mais importante trocando e-mails." E você, que não faz a menor questão de se sentir importante, vai ficando cada vez mais próximo do tecnoestresse.

Outro campeão de impopularidade, talvez "o" campeão no quesito boas maneiras, pelo menos no mundo corporativo, é o e-mail com cópia. Denise trabalha no departamento de recursos humanos de uma multinacional e diz que se sente desrespeitada quando sua chefe manda uma mensagem com cópia "para metade da população do planeta Terra": "O que é isso? Falta de confiança em mim? Falta de confiança nela mesma? Todo mundo tem de saber o que ela achou da minha participação na última reunião? O chefe dela, o meu subchefe, os meus colegas devem tomar conhecimento das orientações que ela me passa? Precisamos de testemunhas no ambiente de trabalho? Sinto-me desrespeitada e exposta toda vez que isso acontece".

Funcionário de uma construtora há mais de vinte anos, Luiz Antônio sente a mesma indignação: "Quando comecei a trabalhar na empresa, tudo se resolvia por telefone ou pessoalmente. Agora é só e-mail, porque ele pode ser usado como prova. Isso quer dizer que viramos todos mentirosos e safados? Não dá para confiar em mais ninguém? O e-mail com cópia, então, nem se fala. As pessoas usam esse recurso para se resguardar, pressionar colegas e subordinados ou até para retaliar. Saio de viagem e, quando volto, há 25 e-mails na minha caixa com vinte pessoas copiadas. Será que nada daquilo poderia ser tratado numa conversa pessoal de dez minutos? Não é à toa que os ambientes de trabalho estão cada vez mais tensos".

Um recurso bem menos citado como exemplo de falta de boas maneiras na rede, mas capaz de tirar muita gente do sério, é a mensagem com pedido de confirmação de recebimento. "Acho uma grosseria", diz André, uma das pessoas mais leves e educadas que conheço. "A pessoa não tem de saber se eu li ou quando li a mensagem. Além de demonstrar insegurança da parte dela, é algo invasivo. Às vezes chega a ser ridículo. Minha chefe, por exemplo, trabalha na sala ao lado – só um vidro nos separa –, e ela me pede para confirmar o recebimento de todas as mensagens que me manda. Ela nem precisaria mandar e-mail. Estou ali ao lado. Agora, pedir para confirmar é demais."

André cita outro comportamento que o irrita: o excesso de caixa-alta (ou letras maiúsculas), acompanhado por dezenas de pontos de exclamação e interrogação: "Sinto nitidamente que a pessoa está gritando. É cansativo ler e-mails assim. De vez em quando, tudo bem. Mas tem gente que vive em estado permanente de ênfase. Experimente ler um desses e-mails cheios de negrito, letras gigantes e exclamações às sete da manhã ou quando você estiver deprimido...".

O campo "assunto" também gera queixas. Márcia trabalha numa editora de livros, recebe uma tonelada de mensagens por dia e diz que "odeia, odeia, odeia" quando o assunto vem descrito como "Capítulo 1", "Contrato importante" ou "Aquela balada". E faz um apelo: "Sejamos específicos, meus caros! Lido com centenas de capítulos, dezenas de contratos importantes e vou a um monte de baladas. Custa escrever 'Livro X, capítulo 1', 'Contrato com autor Z', 'Balada no Geni, Bela Cintra'? Isso iria facilitar, e muito, a minha vida".

Bernardo, que trabalha em um navio, escreve sobre viagens e passa a maior parte do ano em alto-mar, diz que acha ótimo receber mensagens, mas estranha quando o texto vem todo no campo "assunto". Por exemplo, "Por onde você anda?". E só. Não há nada escrito no corpo da mensagem. É como se a pessoa que tivesse enviado o e-mail estivesse apressadíssima e fosse obrigada a resumir tudo no título. Em tese, quem está apressadíssimo não manda e-mails rotineiros para amigos que estão em alto-mar. "Sempre que recebo e-mails assim tenho vontade de responder da mesma forma. Há pouco tempo recebi uma pérola de alguém que mal conheço. O assunto era: 'Você está em Belo Horizonte?'. O texto da mensagem não existia. Quase respondi: 'Assunto: Estou'."

Mas talvez a questão que mais divida as opiniões quando se fala de boas maneiras na rede seja o envio de correntes, textos de autoajuda, mensagens místicas e esotéricas e afins. Ou talvez "dividir as opiniões" não seja a expressão mais adequada. Ouvi pouquíssimas pessoas dizerem que gostam. Quase todas se queixam de que sua caixa de entrada fica entulhada e admitem que deletam a maioria das mensagens sem ler por falta de tempo, paciência ou interesse. Mas muitas fazem uma ressalva: acham que quem manda está bem-intencionado e, por isso, não pode ser acusado de falta de gentileza.

Célia não pensa assim. Professora universitária com agenda carregada, ela diz que não se conforma com a quantidade de material desse tipo que encontra em sua caixa postal e alega que qualquer pessoa que a conheça minimamente deveria saber que essas mensagens não têm nada a ver com ela. "Corro desses textos melosos de autoajuda", afirma, "e todo dia recebo dois ou três, todos ilustrados e acompanhados por uma trilha sonora de gosto duvidosíssimo. Gentileza de quem manda? Não. Você só pode abarrotar a caixa postal de uma pessoa se tiver certeza de que aquilo que está enviando é do interesse dela. E, mesmo assim, se estiver abarrotando, já não é de bom-tom."

Márcia, a editora que reclama dos assuntos pouco específicos, diz que fica arrepiada quando abre um e-mail e vê aquele pôr do sol dourado, acompanhado de uma canção *new age*. Prefere não ler o texto. Quanto às correntes de orações, diz que já não se importa mais com a possibilidade de morrer com um raio na cabeça como castigo: deleta todas. A não ser que ela própria esteja em apuros. Aí diz que revê o conceito e envia uma oração de santa Rita de Cássia às amigas, que não levam a corrente adiante. Segundo a editora, a gente não pode generalizar: "A mesma pessoa que envia aquele texto chatíssimo no outro dia manda uma piada ótima, que faz rir na hora certa, diminuindo o estresse e o mau humor no trabalho".

É por isso que John Freeman se refere ao e-mail como ferramenta "imensamente útil e absolutamente irritante". A mensagem virtual desempenha com igual eficácia os dois papéis. Diverte e irrita. Aproxima e afasta. Ajuda e atrapalha. Tudo depende do famoso "modo de usar". Como diz o filósofo Mario Sergio Cortella, ao navegar, muitos internautas correm o risco de naufragar. Evitar o risco do naufrágio – não só na rede, mas com qualquer tipo de tecnologia – faz parte do esforço de quem quer construir uma vida mais leve. E, por mais contraditório que possa parecer, vida leve requer esforço sim. E não é pouco. Principalmente quando todos os ventos da cultura em que se vive insistem em empurrar nossos barcos na direção contrária.

Desaceleração

*E se me dessem – um dia
– uma oportunidade,
eu nem olhava o relógio.
Seguia sempre, sempre em frente...
E iria jogando pelo caminho a
casca dourada e inútil das horas.*

Mario Quintana, poeta gaúcho

VELÓRIO *DRIVE-THROUGH*

Ilha de Páscoa, um dos lugares mais remotos do planeta: depois de um ano de trabalho estressante, minha amiga Juliana fez as malas e foi conhecer a terra misteriosa dos gigantes de pedra (os *moai*), que pertence ao Chile, mas fica a quase 4 mil quilômetros da costa chilena. Era a primeira parada de uma viagem de férias que duraria vinte dias, e assim que desembarcou ela fez o *check-in* às pressas e, mais apressada ainda, saiu em direção à praia. Já estava entardecendo, e Juliana tinha decidido que seu primeiro programa na ilha seria ver o pôr do sol. No meio do caminho (e há sempre um meio do caminho), ela se deu conta de que estava correndo. Suada e com a respiração ofegante, parou e se perguntou: "Estou correndo para quê?". Foi nesse momento que a ficha caiu. No meio do oceano Pacífico, com quatro dias pela frente para conhecer a Ilha de Páscoa, e sem qualquer compromisso na agenda, ela estava se comportando como havia feito o ano todo: com pressa, ansiedade e estresse. "Fiquei com medo de perder o pôr do sol, como se fosse uma consulta médica ou uma reunião da minha empresa."

Era assim que o canadense Carl Honoré vivia, com uma pressa crônica e um senso de urgência que mantinha inclusive nos momentos de lazer, até que decidiu mudar radicalmente seu estilo de vida e acabou escrevendo *Devagar*, espécie de livro de cabeceira para os que querem modificar sua relação com o tempo. Jornalista de prestígio, ele mora em Londres, mas já viveu no Brasil, e foi trocando e-mails em português e inglês que conversamos algumas vezes sobre o tema da desaceleração – um dos possíveis ingredientes para uma vida mais leve.

Desacelerar, para Carl, não equivale a voltar ao passado nem adotar o ritmo dos caracóis e das lesmas. É ter pressa quando faz sentido ter pressa e tirar o pé do acelerador em outras situações. "A velocidade vicia", diz o canadense, "e estamos viciados nela. Na nossa cultura *fast forward*, palavras como lento e devagar estão virando palavrões. Perto da minha casa, em Londres, tem uma academia dando cursos de *speed yoga* (algo como ioga dinâmica) para aqueles profissionais sem tempo que querem saudar o Sol e fazer a posição de lótus, mas um pouquinho mais rapidamente. Nos Estados Unidos, o funeral *drive-through* já é uma realidade: você encosta o carro e dá uma olhadinha no caixão, como se estivesse pegando um Big Mac num *drive-through* do McDonald's."

Carl sabe o quanto é difícil desacelerar: foi multado por excesso de velocidade quando estava a caminho de uma entrevista para seu livro *Devagar*. Havia ido à Itália pesquisar dois movimentos internacionais que nasceram no país: o *slow food* e o *città slow*. O primeiro defende a ecogastronomia: o comer bem associado ao respeito pelo meio ambiente. Estimula as refeições calmas com a família e os amigos, o uso de alimentos locais e sazonais, as receitas passadas de geração em geração – como o nome sugere *(slow* quer dizer lento ou devagar), é o contrário dos rituais de *fast food*, em que se engole um hambúrguer de procedência duvidosa no balcão da lanchonete, no carro ou na mesa de trabalho.

O outro movimento, *città slow* (cidade lenta), nasceu quando Bra (sede do *slow food*) e mais três cidades italianas assinaram uma declaração em que manifestavam sua intenção de se transformar em cidades-refúgio para os que não aguentam o ritmo enlouquecido da vida moderna. Outras cidades aderiram, e o movimento ultrapassou as fronteiras da Itália. Já está presente em vinte países, incluindo Portugal, Suécia, Inglaterra, Canadá, Estados Unidos, Coreia do Sul e Austrália. Para receber o certificado de *città slow* é preciso ter menos de 50 mil habitantes e cumprir uma série de exigências, entre elas, diminuir o barulho e o trânsito, aumentar o número de áreas verdes e de ruas para pedestres, preservar as construções históricas, ajudar os produtores e os comerciantes locais a vender seus produtos, defender as tradições locais e estimular o clima de hospitalidade. Bra tem seguido à risca sua própria cartilha. Fechou o trânsito de algumas ruas de seu centro histórico, proibiu a instalação de grandes supermercados e de anúncios luminosos, e passou a privilegiar pequenos estabelecimentos familiares que vendem tecidos artesanais e comidas típicas. Nas cantinas das escolas e dos hospitais, os cardápios são à base de pratos tradicionais feitos com produtos orgânicos.

As cidades *slow* – e não há como pensar nelas sem sentir vontade de fazer as malas e ir "correndo" para lá – não são contra os avanços tecnológicos nem querem se transformar em museus. CarI Honoré diz que se algo for considerado bom para a qualidade de vida dos moradores será aceito. E dá um exemplo: em Orvieto, cidade medieval entre Roma e Florença e uma das fundadoras do *città slow*, os bondinhos quase centenários – uma de suas marcas registradas – foram substituídos por uma versão moderna, operada com a ajuda de computadores. E o fato de o movimento *città slow* usar um website para promover sua filosofia de bem viver também mostra, segundo Honoré, que a modernidade e a tradição podem conviver de forma equilibrada em "cidades lentas".

"Mas não é preciso morar numa *città slow* para desacelerar", afirma o canadense. Ele alega que muita gente que se sente atraída pela ideia de adotar uma vida mais calma acha que tem de abandonar a carreira, deixar a cidade e cultivar verduras no campo. O *slow* é basicamente um estado de espírito, diz Carl, e dá para viver de forma menos frenética em qualquer lugar. Concordo em parte. Já morei em Belo Horizonte, em São Paulo, em Brasília, na Cidade do México, em Londres, e agora estou em Araxá, que tem menos de 100 mil habitantes. Sinto que até meu coração tem batido com menos pressa desde que me mudei. Mas acho que Carl Honoré toca num ponto importante: quando as pessoas são viciadas na pressa, não adianta trocar a cidade grande por um sítio ou por uma casinha naquela vila de pescadores. E o contrário também vale: há de fato quem consiga sentir calma na hora do *rush* em São Paulo ou Nova Délhi. Nosso ritmo interno é que precisa desacelerar.

Isso me faz lembrar algo curioso. Tive um programa de TV por onde passaram mais de 1.600 entrevistados, e talvez o mais apressado (e estressado) deles tenha sido um monge com quem conversei num mosteiro budista. No cenário deslumbrante de uma serra, em meio ao verde e ao silêncio, o monge quase acabou comigo e com a minha equipe porque estávamos "demorando muito" para montar a iluminação e ligar os microfones. Poucas vezes na vida vi alguém tão impaciente e tão ríspido. A pressa e a ansiedade daquele monge (que, aparentemente, não tinha qualquer compromisso urgente depois da entrevista) me convenceram de que tudo – absolutamente tudo – nesta vida é relativo. Pode-se viver num ambiente sereno, adotando todas as práticas que em tese proporcionam calma e equilíbrio, e ainda assim ser uma pessoa afobada, para não usar outros (e piores) adjetivos.

Segundo o autor de *Devagar*, estamos vivendo na era da raiva, graças à velocidade. A pressa e a obsessão com a ideia de economizar tempo nos deixam furiosos quando alguém se interpõe em nosso caminho e atrapalha nosso ritmo. Isso pode acontecer nas estradas, nas relações pessoais, na academia de ginástica, nas férias – ou até nos mosteiros budistas, atrevo-me a acrescentar. Estamos cada vez mais impacientes, porque não podemos perder tempo. E, além de não suportarmos pessoas lentas, computadores lentos ou o motorista na nossa frente que reduziu a velocidade porque está procurando o nome da rua, estamos perdendo dois hábitos saudáveis. Um deles é ficar sem fazer nada – o *dolce far niente* dos italianos. Ficar à toa, sem qualquer aparelho eletrônico nas mãos, deixando o corpo e a cabeça descansar, é coisa que rarissimamente se faz hoje.

Em seu livro, Carl Honoré pergunta: "Quando foi a última vez que vimos alguém simplesmente olhando pela janela de um trem? Todo mundo está ocupado lendo jornal, jogando videogames, ouvindo música no iPod, trabalhando no laptop ou falando ao celular". Ele alega que, na era das mil distrações e dos milhares de estímulos, não conseguimos mais ficar sozinhos com nossos pensamentos. Sentimos tédio, ou, mais que isso, entramos em pânico e procuramos qualquer coisa que faça o tempo passar. Aquele mesmo tempo que nunca achamos que temos.

O outro hábito que perdemos, segundo o canadense, deixo para o texto seguinte. Agora deu vontade de parar de escrever e ficar sem fazer nada, só olhando pela janela desta casa de mais de cem anos, em Cascais, sentindo o sossego absoluto da avenida da Castelhana – que, na verdade, é uma ruazinha onde raramente passa alguém – e contemplando as nuvens que se deslocam sem pressa em direção ao mar. Hora de desacelerar. *Sorry*, laptop.

DAR UM TEMPO NA RELAÇÃO

"*Sorry*, laptop. Desta vez, você fica." Foi assim que Sandra, uma engenheira de 39 anos, despediu-se do computador que há anos a acompanha na alegria e na tristeza, na saúde e na doença, nas viagens de trabalho e nas férias. Um casamento que vinha mostrando sinais de desgaste havia muito tempo, mas ela, compreensivelmente, insistia em não ver. Até que uma estafa se encarregou de mostrar que não dava mais. E Sandra, como acontece em quase todo relacionamento que já deu o que tinha que dar, pediu um tempo. Fez as malas sem ele, o laptop, e foi passar uma semana sozinha numa cidade do interior. Conversamos no lobby do hotel onde ela ficou, e a primeira frase que me disse foi: "Vim para desacelerar". Depois descreveu o processo que a levou até aquele ponto: "Estava trabalhando de doze a catorze horas por dia. Os feriados e os fins de semana simplesmente não existiam. Fui passar duas semanas na China e fiquei a maior parte do tempo no computador, resolvendo problemas de trabalho. Comecei a ter problemas de saúde: colite, insônia, ansiedade e cansaço que não passavam. Quando o telefone tocava, sentia vontade de chorar. Passei a fazer ginástica duas vezes por semana, mas vi que meu corpo havia chegado ao limite. O que ele queria mesmo era parar. Foi por isso que decidi fazer essa viagem".

Os dois primeiros dias foram difíceis. O computador em casa, os dois celulares desligados, a solidão, o silêncio, a sensação de querer fazer alguma coisa e não ter o que fazer. No terceiro dia, Sandra começou a se sentir melhor. No quinto (dia de nossa conversa), estava convencida de que havia feito a coisa certa: "Estou me sentindo bem sozinha. Leio, faço caminhadas, fico parada olhando a paisagem. Era disso que precisava, de quietude. E o mais importante é que, até agora, eu achava que estava dentro de uma prisão. Era como se aquela correria, aquele ritmo louco, fossem inevitáveis. Aqui, com calma para pensar e avaliar a minha vida, vi que é uma opção. Escolhi viver naquela loucura e precisei adoecer para perceber que não precisa ser assim". Pergunto sobre o futuro do casamento com o laptop e Sandra ri: "Gosto muito dele e acho que o sentimento é recíproco. Mas vamos reconstruir o nosso relacionamento em outras bases".

É provável que a essa altura a engenheira esteja enxergando a vida com mais cores. Carl Honoré me contou que uma mulher com quem conversou descreveu o processo de desaceleração que estava vivendo como "passar de um filme em preto e branco para outro em tecnicolor". As pessoas descobrem seu *tempo giusto*, como na música, e passam a trabalhar, a se divertir e a viver melhor, alega. Conseguem ser mais criativas e se relacionar melhor com as outras pessoas e com elas mesmas. Mas, para que isso aconteça, têm de reaprender algo que está ficando esquecido: fazer uma coisa de cada vez – aquele segundo hábito saudável que não cheguei a especificar no texto anterior.

Responder à pergunta do colega de trabalho ao mesmo tempo que lê uma mensagem no celular, atende o telefone fixo e confere e-mails pode parecer muito inteligente, muito eficaz e muito moderno, segundo Carl Honoré, mas na maioria das vezes fazer duas coisas (ou mais) ao mesmo tempo significa fazer duas coisas (ou mais) não muito bem. A expressão que se usa hoje é multitarefa. O profissional multitarefa toma decisões, administra conflitos, redige relatórios, checa suas mensagens, fala com o escritório em outra cidade – tudo ao mesmo tempo – e por isso é considerado um exemplo de eficiência. Até que alguém critica o conteúdo do relatório que ele redigiu ou os conflitos que ele achava que havia administrado reaparecem.

Carl Honoré lembra que as últimas pesquisas neurocientíficas indicam o que a maioria de nós já suspeitava: o cérebro não é dos melhores em matéria de multitarefa. "É claro que conseguimos desempenhar algumas tarefas simples ou rotineiras ao mesmo tempo, mas quando precisamos que o cérebro se envolva de fato naquilo que estamos fazendo é necessário focar em uma atividade de cada vez. Muito do que consideramos multitarefa não passa de um malabarismo de atividades feitas em sequência", diz. "E as pesquisas mostram que esse vaivém, esse passar de uma coisa para outra, é extremamente improdutivo: às vezes, gastamos com uma atividade mais que o dobro do tempo caso fosse feita sozinha. É por isso que aquela adolescente que está ao celular, no MSN, na página do MySpace e com a TV ligada gasta três horas para fazer um trabalho de história que normalmente levaria uma hora e meia."

Um estudo patrocinado pela Hewlett-Packard, e conduzido pela Universidade de Londres, concluiu que a avalanche constante de interrupções eletrônicas no ambiente de trabalho causa uma diminuição temporária de dez pontos no QI, duas vezes mais do que se as pessoas tivessem fumado maconha. "Ficar ligado em várias coisas ao mesmo tempo não vai transformar você em super-herói da produtividade. Na melhor das hipóteses, você acaba virando um Ozzy Osbourne", diz Carl Honoré. Ou seja, chapadão.

Rever essa prática de fazer tudo ao mesmo tempo (no trabalho e em casa) não é simples. "Mas dá para mudar", garante Carl Honoré. "Quando entendemos que o cérebro tem limites, fica mais fácil. Algumas empresas começam a estimular seus funcionários a se concentrar em uma atividade de cada vez e a se defender das interrupções eletrônicas sempre que possível." O processo é gradativo. "Somos viciados em adrenalina, e a saída desse ritmo frenético tem de acontecer aos poucos. Por exemplo, podemos começar dedicando uma hora por dia a uma tarefa que exija mais esforço intelectual e durante essa hora manter os equipamentos eletrônicos desligados. Ou podemos experimentar passar uma tarde por semana executando nossas tarefas em sequência, em vez de fazer várias coisas ao mesmo tempo, e depois avaliar o quanto o trabalho rendeu." Carl Honoré afirma que ele próprio diminuiu muito a sua rotina multitarefa, e sente que ficou bem mais criativo e eficiente no trabalho, além de ter passado a viver de forma mais prazerosa por se envolver mais em tudo o que faz.

Ele divide sua vida em antes e depois de adotar a filosofia *slow*. "Hoje, tenho um dia a dia cheio e estimulante, mas sem correria. É uma questão de encontrar o ponto de equilíbrio." O primeiro passo para mudar foi se conscientizar de que estar preso a essa cultura *fast forward* fazia mal a ele – como Sandra, a engenheira. Precisou, então, tomar providências concretas: "A primeira delas foi diminuir o número de compromissos para que sobrasse mais tempo para coisas importantes. Deixei um dos esportes que praticava, o tênis, e, em vez de assistir à televisão algumas horas por dia, passei a ver algumas horas por semana. Parei de usar relógio e comecei a fazer pausas durante o meu dia de trabalho para relaxar, comer alguma coisa, meditar um pouco. Tenho desligado o celular e me desligado dos e-mails sempre que possível. A tecnologia não é algo bom nem ruim – é neutra, depende do uso que se faz dela, e nossa tendência é utilizá-la mal. Também aprendi a dizer não: recebo muitos convites e propostas para escrever, fazer palestras, dar consultoria – a tentação de aceitar tudo é grande, mas aí estaria pregando uma coisa e fazendo outra. Então, escolho o que acho mais relevante para manter a minha vida equilibrada".

Fechando a nossa conversa, pergunto a Carl Honoré que epitáfio escreveria na época em que vivia correndo e agora que aprendeu a pisar no freio. Ele responde que o primeiro seria: "Ele viveu (e morreu) com pressa". O de hoje, "O tempo foi seu aliado". Nada a acrescentar.

O BOTÃO DO ELEVADOR

Uma vez, numa entrevista para o programa que eu apresentava na TV, o ator Lima Duarte contou uma história interessante de seu tempo de infância. Disse que na cidadezinha onde morava, no interior de Minas, seu pai foi a primeira pessoa, ou uma das primeiras, a comprar um rádio. No começo da noite, ele vestia um terno e se sentava para ouvir os programas – um ritual tão especial que merecia reverência e traje fino. Atraídos pelo som, os vizinhos iam chegando e ficavam parados do lado de fora, perto da janela, para compartilhar daquele momento mágico em que se ouviam somente as vozes vindas do aparelho.

Hoje, ouvir rádio é algo que fazemos enquanto nos ocupamos de outras coisas: ninguém tem mais tempo para "só ouvir rádio", observa o americano James Gleick, outro estudioso da doença da pressa, nome dado por especialistas em comportamento à nossa incapacidade de parar. Gleick alega que uma das causas desse ritmo frenético, que nos impede de nos envolver com o que estamos fazendo, é que ter pressa virou sinal de status. Quem vive correndo dá a impressão de ser uma pessoa importante, requisitada, cheia de compromissos. Quanto menos tempo se tem, mais prestígio. Talvez por isso haja tanto jogo de cena. Não basta ser ocupado: é preciso mostrar que não se tem tempo (alguém que seguisse o ritual do pai de Lima Duarte, hoje, provavelmente seria malvisto). O fato é que, somando a pressa genuína com a pressa posada, não sobra espaço para os momentos sem pressa.

Segundo Gleick, a sensação permanente de não querer perder um minuto pode ser medida pela forma como agimos em relação aos elevadores. Esperar o elevador chegar é algo que fazemos com relativa tranquilidade durante quinze segundos. Depois vamos perdendo a paciência. Com quarenta segundos, em média, já estamos nervosos e agitados, um estado de espírito que mantemos dentro do elevador, quando a porta "demora" a fechar. A "demora" costuma ser de quatro segundos. Incapazes de esperar, apertamos o botão de fechar a porta. Às vezes, ocorre um dilema moral nessa hora, ironiza Gleick, quando alguém se aproxima correndo para ver se alcança o elevador. O que fazer? Apertar o botão que mantém a porta aberta, para dar chance ao retardatário, ou fingir que não o vemos e pressionar o outro botão? Desnecessário dizer qual é a escolha mais frequente.

No mundo em que alguns segundos podem ser considerados um tempo demasiadamente longo, o exercício da espera é reinventado. Nem os ciclos naturais da vida escapam. Duzentos anos atrás, um porco levava em média cinco anos para atingir 65 quilos. Hoje, com seis meses já pode pesar 110 quilos, e é abatido antes de perder os dentes de leite. O dado está no livro do canadense Carl Honoré e mostra que, quando a máxima "tempo é dinheiro" se aplica (99% do tempo), a pressa é particularmente valorizada. Não é à toa que estamos todos exaustos, incluindo os pobres dos porcos. O cansaço é tão grande que tem gente pagando para cochilar depois do almoço (ou depois da barra de cereal que substitui o almoço): no centro do Rio de Janeiro já existe um espaço onde se pode dormir por alguns minutos e voltar renovado ao trabalho. Aquele cochilo que acontecia em casa, depois do arroz com feijão e bife acebolado, agora é desfrutado em uma cabine, numa poltrona desenvolvida pela Nasa, e os astronautas do asfalto pagam de 18 a 28 reais por cochilos que vão de vinte a quarenta minutos – o sono cronometrado e o taxímetro rodando.

"Mesmo quando tudo pede um pouco mais de calma, até quando o corpo pede um pouco mais de alma, a vida não para", canta Lenine. E nem dá para parar o mundo e descer, como na letra de Sílvio Brito. Mas existem formas de desacelerar a vida e diminuir o desconforto provocado pela turbulência do mundo, como sugerem Carl Honoré e James Gleick. Conversei com duas pessoas que pisaram no freio, cada uma à sua maneira, e não se arrependem. Uma delas é o artista plástico e designer Domingos Tótora. Mineiro de Maria da Fé, ele fez cursos em São Paulo e cumpriu o que chama de "calvário de todo artista": procurar espaço para a sua arte. Passou alguns anos entre São Paulo e a sua cidade, que tem cerca de 15 mil habitantes, até que um dia se deu conta de que tudo o que buscava estava ali na serra da Mantiqueira. "Mudei o foco", conta. "Quando me aproximei da comunidade de Maria da Fé, vi que estava tudo aqui, perto de mim. Criei a oficina Gente de Fibra, que trabalha com papelão reciclado e fibra de bananeira – hoje, cerca de trinta famílias vivem desse trabalho –, e fui desenvolvendo minha linguagem artística, meu lado autoral." Deu certo: Tótora ganhou alguns prêmios, participou de uma exposição em Paris a convite da revista *Casa Vogue*, e, quando conversamos, tinha acabado de receber um grupo que veio da Bélgica para estabelecer uma parceria com o artista.

Seu estúdio fica na chácara onde mora, um refúgio cercado de verde. Costuma se levantar às cinco da manhã, faz uma caminhada de uma hora, e às sete começa a trabalhar. "Nessa caminhada vou sentindo os cheiros e a luz, percebendo tudo o que está à minha volta. A natureza acaba sendo a grande inspiradora de meu trabalho", diz. Pergunto se, além da realização profissional, ele acredita que conseguiu em Maria da Fé o que tanta gente busca de tantas formas e em tantos lugares, que é viver com leveza. "Totalmente", responde. "Tenho problemas como todo mundo, mas hoje não existe estresse. Faço o que gosto, não sou obrigado a sair, porque sei que o mundo está aqui do meu lado, convivo com a minha família, cozinho para os amigos, acendo a lareira, tomo um bom vinho, enfim, celebro a vida a todo momento." Antes que eu acabe de perguntar se ele se imagina morando em outro lugar, o artista responde: "Não, não, não. Meu lugar é aqui, e é aqui que quero ficar até o finalzinho".

Para ter a qualidade de vida que Domingos Tótora encontrou na serra da Mantiqueira, Maria Sônia Pinho precisou fazer um casamento entre as duas cidades que ama: Rio de Janeiro e Ouro Preto. Carioca, a arte-educadora foi desenvolver um trabalho com pedra-sabão em Ouro Preto em 1992 e acabou ficando. "Vi a cidade com aquela carga de história e de beleza e senti que queria ficar ali, andar naquelas ruas. Levei um ano para me estabelecer. As pessoas perguntavam: 'Mas como, você vai sair do Rio?'. Respondia que nunca tinha visto qualquer documento dizendo que não podia." A mudança para Ouro Preto não implicou um afastamento do Rio: "Vou lá todos os meses e fico pelo menos três dias. Preciso ver a minha família, os meus amigos, o mar. Ir ao Arpoador às sete da manhã é um bálsamo, uma coisa que me reconforta tanto quanto o entardecer em Ouro Preto. Acho que encontrei minha leveza nessa equação, esse movimento pendular entre as duas cidades. O Rio me viu nascer, Ouro Preto me fez crescer, e os dois lugares me alimentam, me dão os nutrientes de que preciso em composições diferentes. Hoje, estou certa de que preciso das duas cidades. Não seria feliz tendo uma só".

Ouro Preto é o lugar onde Maria Sônia gosta de ler, e onde encontra paz de espírito. "É uma cidade que me permite fazer pausas, porque tem seu tempo organizado. Acorda e adormece, tem hora para descansar. Vejo as luzes se apagando, a cidade se esvaziando, e sinto que posso parar também." O ingrediente mais valioso nesse cotidiano talvez seja a quietude: "No Rio, morava no Jardim Botânico, e o silêncio era cortado por sirenes e freadas. Em Ouro Preto, os ruídos esporádicos durante a noite são de cães latindo e grilos cantando – sons que dão conforto".

Maria Sônia conta, rindo, que mora longe das repúblicas de estudantes, onde os sons são outros, e quando vai ao Rio estranha imensamente o barulho. "Muita gente tem medo do silêncio, mas acho que é porque, quando você não tem o que dizer, acaba pegando carona no ruído alheio. É uma dispersão, uma estratégia de fuga. No meu caso, o silêncio traz aconchego e sensação de plenitude. E não sinto necessidade de ausência total de ruídos. Quando ouço uma música boa ou o barulho do mar, ou seja, sons que me dão prazer, isso também é uma forma de silêncio. E o silêncio é, definitivamente, um elemento de equilíbrio em minha vida." Sinto vontade de dizer que concordo e assino embaixo de tudo o que ela falou, mas, até por uma questão de coerência, fico calada. E sei que Maria Sônia traduz e agradece meu silêncio.

SHHHHHHHH!

Quem já passou de certa idade (e certa idade é, por definição, uma idade imprecisa) deve se lembrar daquele cartaz, que se via em todos os hospitais, de uma enfermeira com o dedo indicador sobre os lábios, pedindo silêncio. Alguns raros hospitais conservam essa relíquia, mas a tranquilidade sugerida pelo cartaz desapareceu. Os hospitais de hoje são lugares onde se grita, batem-se portas e conversa-se alto (ou muito alto), inclusive de madrugada, nos corredores. Isso sem falar no barulho do trânsito, que entra pelas janelas de forma implacável. O sossego que deveria atuar como coadjuvante nos tratamentos deixou de existir. Assim como o silêncio dos hotéis. Amigos gritam nas portas dos quartos, televisões são ligadas no último volume, conversas telefônicas são ouvidas mesmo que não se queira, confraternizações acontecem nos corredores às duas da manhã – descanse e/ou durma quem for capaz. Passo boa parte do ano viajando a trabalho e me hospedo em todo tipo de hotel, do mais estrelado ao sem estrelas, e é raríssimo encontrar silêncio em qualquer um deles.

Melhor ficar em casa? Os que viajam a trabalho não têm escolha. Os doentes, no caso dos hospitais, menos ainda. E, mesmo que tivessem, quem disse que em casa haveria silêncio? Vizinhos que trocam móveis de lugar à meia-noite, dão festas animadíssimas em plena quarta-feira, têm cachorros que não se calam, passam o fim de semana ouvindo (alto) o gênero musical que a gente detesta: quem é que nunca viu, ou ouviu, esse filme? Já tive vizinhos no andar de cima que faziam tanto barulho à noite, arrastando durante duas horas sabe-se lá o quê, que perguntei a eles numa reunião de condomínio se estavam asfaltando o apartamento. Candidamente, o casal de *poltergeists* respondeu que não. E continuou a fazer barulho, até que uma separação litigiosa fez com que se mudassem do prédio. Como diz o título de uma crônica de Arnaldo Jabor, durma-se com um pagode desses...

Insones hiperativos que mudam a decoração da casa de madrugada são apenas uma nota na sinfonia de ruídos que se produz no mundo de hoje. Na maioria dos restaurantes, é impossível conversar num tom de voz normal. Na maioria dos bares, é impossível conversar – ponto. Nos cinemas, onde se deveria conversar o mínimo possível, as vozes competem com o barulho dos sacos de pipoca e dos celulares. Nas livrarias, antigo reduto de silêncio, as crianças correm e gritam como se estivessem no parquinho, as conversas aos celulares disputam o espaço das ondas sonoras com os gritos das crianças, e a máquina de *caffe espresso* entra na competição com a autoconfiança de quem conhece o poder dos próprios decibéis. Nem a religião escapa: no mundo que se recusa a calar, as igrejas (quem diria) se transformaram no mais inconveniente dos vizinhos, obrigando quarteirões inteiros a compartilhar de sua fé. Será que Deus, hoje, ouve somente quem grita?

Perguntei ao arquiteto mineiro Argus Caruso, que fez uma viagem de volta ao mundo em bicicleta e passou quatro meses em um veleiro no oceano Atlântico, se ainda existem lugares silenciosos no planeta. Argus respondeu rindo que "silêncio mesmo, para valer, só em alto-mar". Em terra firme, haja ouvidos. Não é à toa que o neurocientista Ivan Izquierdo diz que, num processo de seleção darwiniana, talvez as futuras gerações nasçam sem orelhas, para defender a sobrevivência da espécie. Coordenador do Centro de Pesquisas da Memória da PUC do Rio Grande do Sul, o médico argentino (naturalizado brasileiro) é autor do livro *Silêncio, por favor!*, sobre o qual conversamos por e-mail.

Izquierdo argumenta que a correria e o ruído são duas das principais características do mundo em que vivemos e alega que essa mistura de pressa e exposição constante ao barulho conspira contra a nossa qualidade de vida. "Barulho dói", diz a placa em frente ao Hospital Miguel Couto, no Rio de Janeiro – placa que, por ironia, li durante um macroengarrafamento na região do hospital, enquanto os motoristas buzinavam freneticamente.

Barulho é sempre o que o outro faz, lembra Izquierdo. Nunca achamos que fazemos ruído. É como no caso da gentileza: consideramos falta de educação a forma com que o outro se comporta conosco – nunca o nosso comportamento com o outro. A pessoa que buzina em frente a um hospital vai entender que está fazendo um barulho que incomoda e agride quando ela própria estiver internada ali e for obrigada a conviver com a falta de consideração dos motoristas.

Izquierdo adverte para o que chama de "hábito do ruído". Por exemplo, já não achamos estranho ouvir um concerto numa praça em que os sons da orquestra se misturam às gargalhadas e conversas do público e aos gritos dos vendedores de refrigerantes e cachorros-quentes. Também achamos normal receber nossos amigos em casa com a televisão ligada. O que poderia ser uma conversa relaxada e prazerosa vira competição, com todos tentando falar mais alto do que o apresentador da TV. Estamos tão habituados ao barulho que gritamos mesmo quando não precisamos gritar. "O grito precede hoje a sua necessidade", afirma o neurocientista. "Tudo é feito aos berros." Em meio a tantos ruídos, os sons que queremos ouvir se perdem. O acorde bonito da música, encoberto pelo barulho da rua, os sons dos pássaros, o sopro do vento ficam diluídos naquilo que Izquierdo classifica de "balbúrdia indefinida, que nos perturba, nos cansa e nos frustra".

Isso me faz lembrar minha amiga Heloísa, que costuma pedir aos filhos que diminuam o volume da televisão para que ela possa "ouvir a chuva". Uma chuva mansa que cai é dos sons mais reconfortantes que existem, mas geralmente sai perdendo na competição com os programas de TV, freadas, buzinas e gritos. Quem, hoje, consegue parar para ouvir a chuva ou absorver os sons que irá carregar em sua memória afetiva?

Maria Amália, casada há quase trinta anos, conta que adora ouvir o ranger do portão de sua casa na hora do almoço e à noite: é sinal de que o marido, por quem continua apaixonada, está chegando do trabalho. Da infância, ela jamais se esqueceu do som do molho de chaves que seu pai carregava: "Foi ele quem me ensinou a andar de bicicleta, e, enquanto me empurrava, as chaves iam fazendo aquele barulhinho. Eu me lembro do som como se fosse hoje, e sinto um carinho enorme por ele".

Filtrar a avalanche de ruídos que o mundo produz e criar intervalos de silêncio talvez seja um dos exercícios indispensáveis para quem busca viver com leveza. Diminuir o volume da música, dar um descanso para o celular, parar de bater portas, buzinar menos, desligar a TV quando os amigos chegam para conversar, falar baixo (quem sabe falar menos?): tudo isso ajuda a suavizar o cotidiano – nosso e de quem nos cerca.

Nos Estados Unidos, alguns trens contam com o chamado *quiet car* (vagão silencioso), onde só se pode conversar em voz baixa (e baixa, no caso, é baixa mesmo) e é proibido o uso de celulares ou de qualquer aparelho sonoro sem fones de ouvido. Quem quiser aproveitar a viagem para relaxar ou se concentrar em algum trabalho tem a tranquilidade garantida. Quem sabe, um dia, nossos aeroportos, nossas rodoviárias, nossos hotéis e nossos hospitais criem essas ilhas de silêncio? Costumo brincar que poderiam existir espaços públicos para falantes e não falantes, lugares onde se pudesse passar dez minutos, que fossem, em silêncio. Imagine um setor do Aeroporto de Congonhas em que, enquanto se espera o voo, não é preciso ouvir qualquer conversa telefônica, ou (radicalizemos) qualquer conversa, nem ser castigado por anúncios de voos, feitos no último volume, a cada cinco segundos? Pense no que seria uma ala de hospital em que todos falassem baixo e ninguém batesse portas, ou o andar de um hotel em que se pudesse descansar de verdade e dormir sem acordar com gritos no corredor. É pedir demais?

Pensando bem, talvez seja. Talvez o mundo comporte cada vez menos a prática do silêncio. Pelo menos foi essa a impressão que tive quando fui à Burp Castle, cervejaria minúscula no East Village, em Nova York. O que me levou lá foi a curiosidade: havia lido em algum lugar que na Burp Castle era proibido falar alto. Música ambiente baixíssima, pessoas murmurando e um barman encarregado de zelar pelo silêncio. Seria possível? Existiria uma cervejaria assim no mundo? Existe, mas o silêncio que encontrei não era o que eu esperava. Todos se empenham em conversar baixo, mas, estimuladas pela cerveja, as vozes acabam subindo, e a cada dois ou três minutos o barman, de mau humor exemplar (não é gênero, ele é de fato mal-humorado), faz um *shhhhhh* vigoroso para que os clientes baixem o volume da voz. Eles obedecem, meio constrangidos, e dali a pouco são repreendidos de novo, como se fossem alunos do primeiro ano do ensino fundamental.

Conversei com uma cenógrafa que frequenta a Burp Castle com o marido e ela disse que aquele é o único bar em Manhattan em que se pode conversar a noite toda e voltar para casa sem dor de garganta. Pode até ser, mas há algo de estranho em um lugar aonde as pessoas vão atraídas pela possibilidade do silêncio e têm de ser repreendidas a noite toda porque estão fazendo barulho. Acho que o que mais incomoda ali é a constatação de que já não somos capazes de conviver com o silêncio nem quando escolhemos um lugar em que ele é regra. Assim como a gentileza, a desaceleração e outros possíveis ingredientes de uma vida mais leve, talvez a prática do silêncio seja algo que tenhamos de reaprender.

O EXERCÍCIO DO SILÊNCIO

"E os meus passos, quem é que poderá ouvi-los?", perguntava o poeta gaúcho Mario Quintana. Depois de enfrentar a dor impensável (e imensurável) de perder um filho de onze anos na noite de Natal, a designer de interiores Dodora Gontijo decidiu ouvir os próprios passos: na busca por algo que lhe devolvesse a esperança, começou a fazer caminhadas em silêncio. As outras tentativas para diminuir o sofrimento – e poder ajudar o marido e o filho mais velho, que também estavam sofrendo – não haviam funcionado. "Tomei os remédios que me deram apenas por dois dias", conta. "Depois tentei frequentar grupos de apoio, mas ali o que mais encontrava eram lamentações. Eu não queria morrer com meu filho. Tinha que buscar alguma coisa para continuar vivendo." Ao participar de um encontro de casais, conheceu os exercícios espirituais de santo Inácio de Loyola, e na prática desses exercícios, que unem orações e contemplação, descobriu as possibilidades do silêncio. As caminhadas viriam depois, guiadas pelo mesmo jesuíta que coordenava o grupo de orações. "Quando ele me chamou para fazer parte do grupo de caminhadas em silêncio, achei que não conseguiria. Não estava preparada fisicamente, e, mesmo estando familiarizada com a prática dos exercícios espirituais, tinha medo de não suportar ficar calada tanto tempo. Horas sem falar nada?" Além de conseguir acompanhar o grupo, na primeira caminhada a designer descobriu que havia encontrado o que estava buscando: dentro da dor, inevitável, a possibilidade do equilíbrio.

Em seis anos, Dodora já fez várias caminhadas. Percorreu em etapas o caminho da fé até Aparecida do Norte (no interior de São Paulo), o caminho das Missões no Sul do Brasil, e fez sozinha o caminho de Santiago de Compostela: saiu de Portugal (uma rota que atrai menos peregrinos que o caminho francês) e andou durante dez dias, percorrendo uma média de vinte quilômetros por dia, até chegar a Santiago de Compostela, na Espanha. As caminhadas mais curtas, nos fins de semana, foram incorporadas ao seu cotidiano, e grande parte dos percursos é feita em silêncio – um silêncio que vai além do que se imagina. "É preciso silenciar por dentro", diz Dodora. "Somente quando silenciamos por dentro é que somos capazes de nos ouvir. A gente se escuta e escuta o que Deus tem a nos dizer."

O exercício do silêncio é diário. Todas as noites, quando chega do trabalho, a designer segue o mesmo ritual: senta-se numa poltrona, acende uma vela ou um incenso, às vezes coloca uma música em volume bem baixo e ali fica, durante uma hora, meditando. O ponto de partida da meditação é sempre um texto: "Da leitura desse texto tiro uma frase ou uma palavra que me tocou, e medito a partir daquilo. Penso no que foi o meu dia, o que houve de bom e de ruim – ou o que na hora pareceu ruim, mas não é tão ruim assim –, as pessoas que encontrei, e vou silenciando por dentro. Assim, me sinto muito melhor, porque o barulho que me incomoda não é o externo – é o meu próprio barulho".

Para aprender a lidar com esse barulho, além das caminhadas, Dodora participa de retiros espirituais. Alguns duram um dia, outros, bem mais. Quando nos encontramos, ela tinha acabado de voltar de um retiro de oito dias no mosteiro de Itaici, em Indaiatuba (no interior de São Paulo). No período que passou lá, podia falar apenas por quinze minutos diariamente. Sozinha, no meio de quinhentos participantes (não conhecia ninguém), sem telefone celular, sem TV, rádio ou livros no quarto, com apenas um caderno de anotações como companhia, a designer conta que nos dois primeiros dias se perguntou: "O que estou fazendo aqui?". No refeitório, quinhentas pessoas almoçavam e jantavam sem dizer uma palavra. Nem mesmo os passos eram ouvidos: por orientação dos jesuítas que coordenavam o retiro, os participantes usavam sapatos com solado de borracha para não fazer barulho.

O encontro radical com o silêncio assustou apenas no início: "Foi o melhor presente que já me dei", diz Dodora Gontijo, que está com 57 anos. "Melhor até que o caminho de Compostela. Hoje, sei que preciso de silêncio. Ele me ensina a escutar as pessoas, não me deixa julgá-las com tanta facilidade, nem ficar tentando competir com elas. Quando paramos de julgar e de competir, nos sentimos bem. Estou longe da sabedoria, mas sei que não quero ser melhor que ninguém – quero ter calma. Adoro ficar quieta em casa, sem ligar a TV, e evito até missas barulhentas. O que desejo mesmo é ouvir meu coração, viver o que me dá alegria e fazer só o que acho correto".

Saio do encontro com um nó na garganta, que agora, na hora de escrever, reaparece. Não é tristeza – longe disso. Acho que é a constatação da infinidade de caminhos que o ser humano tem para se reencontrar com a vida nos momentos de sofrimento. Para essa mãe que poderia ter ficado paralisada pela dor e pela perda, a principal ponte com a vida foi construída a partir do silêncio – dando passos lentos, no começo, indo de Portugal à Espanha depois, e sempre – a cada dia, religiosamente – fazendo pausas para se ouvir, meditando sobre a humildade e o desprendimento.

"Necessitamos de intervalos para a quietude", afirma o neurocientista Ivan Izquierdo. E o rabino gaúcho Nilton Bonder se refere à pausa como algo "fundamental para a saúde de tudo o que é vivo". Quando decidi parar, por uns tempos, com o programa que apresentava na TV, escolhi Nilton Bonder para a entrevista de despedida. Havia lido um texto do rabino sobre a nossa relação com o tempo, em que ele falava sobre o papel essencial das pausas, e esse texto havia contribuído para a minha decisão. "A incapacidade de parar é uma forma de depressão", diz Bonder. E alega: "Parar não é interromper. Muitas vezes, continuar é que é uma interrupção".

Segundo o rabino, nunca fizemos tanto quanto hoje e nunca realizamos tão pouco. "É a pausa que dá sentido à caminhada", afirma. Corremos como loucos, trabalhamos muito, nos divertimos muito, falamos sem parar, convivemos com uma quantidade absurda de ruídos ("a gente se acostuma com o barulho", dizem os mais otimistas) e aí vem aquela sensação estranha de falta de significado. "Onqotô?", nós, mineiros, poderíamos nos perguntar, resumindo em três sílabas do "mineirês" uma meia dúzia ou mais de perguntas: "Onde é que estou?", "Que vida é essa que estou levando?", "Por que corro tanto?", "Que cansaço é esse?", "Por que não estou achando graça em nada?". Ou, como ouvi um mineiro dizer um dia: "Minha vida até que é boa, mas está esquisita". Quando a vida fica "esquisita", é sinal de que podem estar faltando os intervalos para a quietude a que se refere o cientista Ivan Izquierdo. Que sejam dez minutos por dia: o importante é parar e, por mais difícil que seja, silenciar.

Convivência

*Solidão: um lugar bom para visitar,
mas ruim para permanecer.*

Josh Billings, escritor norte-americano

O PRÉDIO DAS VIÚVAS

Imagine um prédio residencial em que as mulheres são maioria absoluta: do total de vinte apartamentos, apenas seis têm moradores do sexo masculino. Nos outros catorze, moram mulheres solteiras, viúvas ou separadas. O edifício, conhecido como Prédio das Viúvas, fica em Araxá, e as moradoras convivem como se fossem uma grande família. Jogam buraco, assistem aos jogos do Cruzeiro (três são torcedoras fanáticas), rezam o terço toda quinta-feira (cada semana em um dos apartamentos), fazem lanches que são verdadeiros pecados e eventualmente viajam. O prédio é tão popular que tem lista de espera para conseguir apartamento. Fiquei sabendo de casos de mulheres que estavam na iminência de se tornar viúvas (por problemas de saúde dos maridos, claro) e, discretamente, começaram a sondar os porteiros para ver se havia apartamentos vagos. Pergunto às moradoras se é verdade, mas elas, elegantemente, desconversam.

Nosso encontro foi marcado para uma quinta-feira. Fiz questão de participar da reunião para rezar o terço, que se repete há doze anos. Na hora do lanche que se segue ao terço, conversamos. A leveza do grupo, com idades que vão dos 60 aos 83, não demora a se manifestar. Pergunto se não se incomodam com o fato de todos na cidade se referirem ao lugar onde moram como Prédio das Viúvas, e Zuleika, a anfitriã, responde rindo: "Não! Já estamos acostumadas com as brincadeiras. Um dos porteiros contou que outro dia passaram dois moços aqui em frente e que um deles falou para o outro: 'Dizem que aqui nesse prédio só mora mulher. E é cada uma mais feia que a outra!'". Júlia, que tem 77 anos, observa: "Isso é porque eu ainda não morava aqui".

Alegrias, tristezas, doenças, aniversários, pequenos apertos do cotidiano – tudo é compartilhado pelas amigas. Vilma passou um bom tempo numa cadeira de rodas por causa de uma cirurgia no pé e as vizinhas se revezavam para cuidar dela e de sua casa. Ela conta que, na hora de cozinhar, ninguém precisa correr para o supermercado quando falta algum ingrediente: "Se estiver batendo um bolo e o fermento acabar, corro na Maria Lúcia". Maria Lúcia diz que, às vezes, pede socorro às amigas pelo interfone e o ingrediente chega pelo elevador: "Outro dia, a Celeste me mandou três ovos. Abri o elevador e eles estavam lá, direitinho". Não raramente, elas transitam entre os apartamentos de robe ou camisola, torcendo para não encontrar estranhos no elevador. Mas, no dia do terço, capricham no figurino.

"Este momento de oração também é o meu lazer", diz Vilma. "Fico ansiosa, esperando chegar a quinta-feira." Pergunto se é permitido fofocar na reunião do terço. "É", diz Júlia. "Na hora do lanche, comentamos tudo o que está acontecendo na cidade: doenças, mortes, separações... Mas é uma fofoca saudável." E a perspectiva de encontrar um companheiro? Algumas delas têm vontade de se casar – de novo ou pela primeira vez? Uma das viúvas, que por motivos óbvios não vou identificar, responde: "Tive a chance de conhecer os três estados civis: solteira, casada e viúva. Viúva foi o que gostei mais". Do outro lado da sala, sua colega de estado civil emenda com convicção: "Faço minhas as palavras dela".

Saio depois de comer um doce de leite de fazenda, que deixa o corpo um quilo mais pesado e a alma incalculavelmente mais leve. Penso nos estudos que vêm sendo feitos sobre o papel dos relacionamentos pessoais para a saúde física e emocional. Pessoas socialmente integradas têm vidas mais longas, mais felizes, mais produtivas e com menos problemas de saúde do que pessoas que vivem isoladas, afirma o psicoterapeuta americano Richard O'Connor. Em seu livro sobre a felicidade, ele alega que as pesquisas mais recentes deixam claro que ter bons relacionamentos é a principal fonte de satisfação pessoal – em todas as culturas e em todas as faixas etárias. Além dos amigos e da família, os estudos mostram que participar de um grupo – seja uma associação de voluntários, uma confraria de amigos do vinho, um clube de leitura ou uma comunidade religiosa – faz as pessoas se sentirem mais seguras e amparadas do ponto de vista emocional, mais confiantes, e terem a sensação de pertencer a algo maior, que ajuda a dar sentido à vida.

A importância dos vínculos pessoais foi demonstrada por um estudo da National Geographic sobre os três locais com populações mais longevas do planeta: Sardenha (Itália), Okinawa (Japão) e Loma Linda, na Califórnia (Estados Unidos). O estudo mostra que, apesar de fazerem parte de culturas completamente distintas, as três cidades têm características em comum que explicariam a grande concentração de habitantes com mais de cem anos (e ótima saúde). A principal delas é a importância que se dá à família e à convivência com as pessoas da comunidade. Segundo Dan Buettner, que coordenou a pesquisa, construir relações sólidas com a família e os amigos é uma das melhores receitas para se viver mais e melhor – o que, em tese, garante vida longa e saudável às moradoras do Prédio das Viúvas, que convivem como vizinhas, amigas e parentes mesmo sem qualquer parentesco.

A história de Rose Ziegelmaier é diferente, mas ilustra o mesmo princípio. Para a tradutora e editora, que mora em São Paulo, a sensação de estar integrada tem sido proporcionada pelo grupo de bordados do qual faz parte há seis anos – o Mãos de Ariadne. Rose tem 41 anos, é casada, tem um filho de cinco anos e trabalha num ritmo intenso – tempo é algo que nunca sobra. Mas uma vez por mês ela deixa tudo para se encontrar com as outras nove integrantes do grupo. Cada mês a reunião é na casa de uma delas – e durante três ou quatro horas as dez mulheres se dedicam a "bordar suas vidas", como define Rose. Cada peça, feita em conjunto, tem ligação com o momento que uma delas está vivendo. Pode ser o protetor de berço para um bebê que vai nascer, uma cortina cheia de pássaros para o filho adotivo que trocou a natureza de onde morava por um arranha-céu em São Paulo, um elemento do cenário da peça que um dos maridos está montando ou a história de vida da mais velha do grupo, que faz aniversário.

Enquanto as imagens vão surgindo no tecido, elas falam sobre seu dia a dia, dividem angústias, preocupações e alegrias, riem, se confortam, compartilham o lanche – enfim, vivem os prazeres proporcionados por uma convivência que se escolheu ter. No grupo há uma professora, uma designer, uma terapeuta corporal, uma cantora – as profissões e idades variam, mas as dez mulheres se encontram na criação do bordado e no exercício da solidariedade feminina: "Essa solidariedade foi ficando esquecida", diz Rose. "Em algum momento nos enganamos, achando que a convivência com outras mulheres não era mais necessária, mas agora estamos recuperando essa possibilidade".

Rose Ziegelmaier aponta a calma como uma das características do encontro. Como é impossível "correr" com os bordados, não há como imprimir a eles o ritmo frenético que as dez moradoras de São Paulo seguem em seu cotidiano. "O bordado tem seu próprio tempo, e é preciso respeitá-lo. O saber esperar é algo que nossa sociedade perdeu. Aqui estamos reaprendendo a ter calma quando não é possível correr e acabamos levando isso para nossa vida lá fora."

Ao conversarmos sobre desaceleração, o canadense Carl Honoré disse algo parecido: "Algumas coisas não podem ser aceleradas, têm um ritmo natural. Os relacionamentos entram nessa categoria. Você não pode obrigar alguém a se apaixonar por você mais rapidamente porque quer se casar em agosto. E não pode apressar uma amizade que está começando porque precisa de companhia para viajar no próximo verão. Essas coisas têm seu próprio tempo". Talvez por isso estejamos convivendo cada vez menos com pessoas que gostaríamos de ter por perto: os velhos amigos, aquele ex-colega de trabalho com quem tínhamos enorme afinidade, a amiga que é quase uma irmã, mas passamos três meses sem ver. Não é só formar um vínculo afetivo que requer tempo: mantê-lo também exige disponibilidade, algo raro em nosso mundo pautado pelo relógio. Em Okinawa, na Sardenha e em Loma Linda, conviver (de verdade) é tão natural quanto se alimentar. Em nossa cultura, é preciso fazer um esforço consciente para que o prazer da convivência com as pessoas queridas não desapareça. Mas é um esforço que vale a pena.

Um grupo de dezesseis amigas de Sete Lagoas, em Minas Gerais, sabe disso. Há quatro anos elas se reúnem num restaurante na última quarta-feira do mês para jantar, conversar e rir.

Três assuntos são rigorosamente proibidos nos encontros: maridos, filhos e empregadas domésticas. Falar sobre dieta não é uma proibição, mas o tema é evitado, inclusive porque ninguém faz dieta no dia do jantar. O cardápio é encomendado com uma semana de antecedência e sempre inclui uma sobremesa de verdade (fatia de abacaxi não vale). O grupo é formado por mulheres que se dedicam a atividades diferentes: arquiteta, engenheira, dona de casa, psicólogas, fisioterapeuta, professoras, funcionária pública – as idades vão dos trinta aos 49 anos. Seis são amigas de infância. As outras ficaram amigas depois. Das dezesseis, doze são casadas.

Heloísa, administradora de empresas e uma das fundadoras do grupo, conta que os maridos nunca aparecem no restaurante: "Se um deles ameaça aparecer, falamos que vai pagar a conta. Assim, ele nem passa perto". Quanto às conversas, Heloísa diz que, além de não entrar em assuntos proibidos, as amigas não falam mal de ninguém (só delas mesmas) e não tratam de seus problemas. "Quem estiver enfrentando alguma dificuldade tem de marcar outro encontro, geralmente com uma ou duas amigas do grupo. No nosso jantar mensal não existe espaço para assuntos tristes, e isso nunca foi combinado. Simplesmente não acontece. Somos extremamente solidárias, mas não trazemos nenhum 'luto' para as reuniões. A ideia é justamente acrescentar alegria às nossas vidas."

Cada uma avalia o "encontro das dezesseis" à sua maneira, mas os sentimentos são os mesmos. "É uma sessão de descarrego", diz Rosário. Tatyane emenda: "É essa coisa de desligar da tomada". Maria Tereza classifica o momento como "totalmente desestressante", e Heloísa arremata, brincando: "É um encontro terapêutico com duração de três horas e meia e custo médio de cinquenta reais (valor que cada uma costuma pagar na hora de dividir a conta)". Como diz Érica, a participante mais jovem: "Até maridos se vão, mas as amigas, especialmente aquelas com A maiúsculo, ficam. Por isso, eu quis participar do grupo. É algo que preenche a vida".

A afirmativa de Érica me faz lembrar de uma "amiga com A maiúsculo" que, depois de um casamento que mais durou do que trouxe alegrias, desabafou: "A maior burrice que uma mulher pode cometer é deixar de conviver com as amigas para viver em função de marido e filhos. O prazer que sentimos na companhia das amigas só elas são capazes de nos proporcionar. É justamente por isso que fico sem entender por que, na nossa cultura, o amor e a paixão são endeusados pelas mulheres e a amizade é vista como espécie de prima pobre, que serve para os momentos em que 'eles' não estão do nosso lado. Precisei passar dos quarenta para entender que não é por aí".

Ouvi o relato sem dizer que estava de acordo. Minha amiga, melhor do que ninguém, sabia que eu havia cometido o mesmo equívoco – no meu caso, mais grave, já que não tive filhos. Pensei no quanto os homens costumam estar à frente das mulheres no quesito convivência com amigos. Eles sempre defenderam seu direito à turma do chope, da pescaria, do esporte que praticam ou dos formandos de 1985. Bruno, um jovem médico que está para se casar, propôs à futura mulher fazerem um acordo pré-nupcial que, em vez de conter cláusulas financeiras, estipularia apenas seu direito inalienável de "jogar futebol com os amigos, ir ao estádio com os amigos, assistir aos jogos do Campeonato Brasileiro com os amigos, ver os jogos da Copa do Mundo com os amigos". A expressão "com os amigos" excluiria a presença de mulheres e de namoradas de todos os integrantes do grupo. A futura mulher do médico aceitou fazer um acordo verbal – achou que por escrito seria um exagero. Mas disse que, no fundo, ficou aliviada.

Assim como as dezesseis mulheres de Sete Lagoas, ela tem sua turma e garante que não há príncipe encantado, com ou sem aliança, que a faça abrir mão do prazer incomparável de estar com as amigas.

ALUGAM-SE AMIGOS

Imagine sair com um amigo para um chope ou uma caminhada na praia e no final do encontro perguntar: "Quanto foi a conversa?" ou "Quanto devo pela companhia?". Se o amigo for um amigo de fato, vai achar que você enlouqueceu. Mas se for um *personal friend,* que pode ser traduzido como amigo pessoal, ou, mais realisticamente, amigo de aluguel, tudo bem. Ele dá o preço, que varia, em média, de cinquenta a trezentos reais a hora, você faz o cheque, e, quando seu orçamento permitir, vocês podem se encontrar outra vez. A mais nova profissão do mercado chegou sem fazer alarde, mas agora já aparece em anúncios classificados, e os "amigos pessoais" fazem questão de esclarecer que não há qualquer conotação sexual ou amorosa nos relacionamentos com os clientes, que, curiosamente, são chamados de clientes e não de amigos. O fato é que há pessoas pagando por uma sessão em que se conversa sobre a vida, o pôr do sol, os problemas, a família, a solidão ou o filme em cartaz com alguém que pode ser um estudante de direito, um professor de ginástica, um engenheiro – não importa, já que para ser *personal friend* basta se apresentar como tal. E a pergunta que muitos se fazem é: por que alugar um amigo num mundo em que é possível ter setecentos amigos sem pagar nada? Afinal, não é o que permitem os sites de relacionamentos, que se colecionem amigos às centenas? Ou toda essa fartura virtual não tem sido capaz de suprir nossas carências?

Aparentemente, não. Poderiam ser listados aqui 1.500 argumentos a favor e outros tantos contra as redes sociais da internet no que se refere à criação e à manutenção de vínculos de amizade. Mas o fato é que, segundo os especialistas em comportamento, apesar de todas as possibilidades on-line de se comunicar, as pessoas têm se sentido sozinhas. É como disse o humorista Millôr Fernandes: depois que inventou os meios de comunicação a distância, o ser humano viu que o problema da comunicação é de perto. A tecnologia não tem alma. E a alma do ser humano continua complicada. Em nossa conversa, Carl Honoré observou: "No Facebook ou no MySpace, você encontra gente afirmando que tem 2.433 amigos – mas quando foi a última vez que essas pessoas passaram uma tarde num parque conversando de verdade com esses 'amigos'? Talvez a gente já esteja perdendo a capacidade de fazer amizades. Na Inglaterra, uma pesquisa abrangente concluiu que, entre 1986 e 2006, o número de adolescentes que alega não ter um amigo próximo, com quem possa se abrir, passou de menos de um em cada oito adolescentes para quase um em cinco". Parece pouco, mas não é.

Em entrevista à revista *Época,* o crítico e jornalista americano Lee Siegel afirmou: "A internet é o primeiro meio antissocial criado para o indivíduo antissocial. Ele está sozinho numa sala, na frente do computador, fazendo tudo o que antes requeria encontrar ou falar com pessoas, como fazer compras, reservar uma mesa no restaurante, encontrar uma namorada, relacionar-se com amigos ou até fazer sexo".

Como consequência desse isolamento, Siegel afirma que estamos ficando mais impacientes e menos tolerantes com os problemas que costumam fazer parte dos relacionamentos. Ou seja, estamos desaprendendo os caminhos (sempre sinuosos) da convivência. Segundo o crítico, um reflexo disso é o empobrecimento da ficção e da dramaturgia nos Estados Unidos: cada vez há menos gente que saiba escrever sobre a vida com outras pessoas. É uma constatação preocupante: estamos convivendo tão pouco (ou tão mal) que fica difícil criar histórias sobre personagens que convivem e interagem no nosso dia a dia. Como retratar com a profundidade que a literatura exige o que já não sabemos fazer na vida real?

A visão de Lee Siegel pode parecer radical, mas, numa cultura que prega o individualismo, a competição e a desconfiança, é pouco provável que ferramentas criadas pela tecnologia transformem seus usuários numa grande e nobre família, unida pela amizade. A internet e seus sites de relacionamento podem criar possibilidades fascinantes de comunicação: permitir a convivência, ainda que on-line, com pessoas queridas que estejam distantes, reaproximar amigos que estavam afastados, unir pessoas com interesses comuns, aprofundar amizades recentes e até, por que não, criar novas amizades. Mas é possível também que, a partir dessas mesmas ferramentas, quem tem dificuldade de se relacionar se isole ainda mais, e invista em relações superficiais que não substituem as verdadeiras amizades – algo que faz com que essa pessoa se sinta ainda mais sozinha.

A psiquiatra Vera Rita Ferreira, de São Paulo, viveu uma experiência que dá a dimensão do que pode ser a vida quando se tem amigos de verdade. Na entrevista que fiz com ela para este livro, começamos falando sobre o consumismo. Depois, ao entrarmos na discussão sobre a leveza, a conversa percorreu vários caminhos, e a psiquiatra me contou que havia acabado de se tratar de um câncer – a última sessão de quimioterapia havia sido feita dois dias antes de nossa conversa. "Foram meses de um horror total, como se eu estivesse num trem-fantasma", disse. Vera só conseguiu cumprir o percurso, ou passar por tudo isso, porque teve o apoio dos amigos, que não a abandonaram um minuto. "Era um bando de anjos, revezando-se no hospital. Sem eles, eu não teria conseguido. Eles foram imprescindíveis para a minha recuperação." Uma rede virtual de setecentos amigos não teria cumprido o mesmo papel. Mas sejamos justos com a internet: Vera contou que, do hospital, mandava e-mails com "boletins" diários sobre seu estado de saúde para os amigos que não estavam "de plantão" naquele dia. Essas conversas virtuais com pessoas que estavam efetivamente compartilhando de seu sofrimento ajudaram no processo de recuperação, o que prova o quanto a tecnologia pode ser útil – desde que usada a favor da convivência.

REAPRENDER A CONVERSAR

Uma escola pública em Estrasburgo, na França. Chego lá com meu francês de nível básico 1 (ou algum nível anterior, se existir) e o desafio de entrevistar o diretor e um grupo de mães e alunos. Joana, uma jovem francesa criada em Guadalupe (no Caribe), que hoje mora em Araxá, me deu algumas aulas e ajudou a preparar as entrevistas. Fez o que pôde, dentro do prazo que tínhamos, e cheguei a Estrasburgo disposta a fazer o mesmo – o possível. Foi mais do que suficiente. O diretor da escola, Xavier Rémy, de simpatia e gentileza únicas, me fez esquecer que eu estava falando uma língua que não falo. Acabei passando três horas na École Ziegelwasser, com uma hora de intervalo para saborear o peixe – inesquecível – de um restaurante vizinho que Monsieur Rémy fez questão que eu conhecesse.

A inusitada conexão Araxá-Guadalupe-Estrasburgo foi resultado de uma matéria que li na *Folha de S.Paulo* sobre a escola de Monsieur Rémy e a experiência que havia sido realizada com os alunos. A École Ziegelwasser propôs aos 260 alunos, com idades entre 6 e 11 anos, que passassem dez dias sem ligar a televisão, o computador e o video game.

Dez dias desconectados da tomada para uma geração que não sabe o que é isso. E a experiência foi um sucesso. Os pais e os professores aderiram à ideia, a comunidade do bairro se integrou ao projeto e a imprensa francesa cobriu com todo o destaque os "Dez dias longe das telas". Os alunos conseguiram ficar mais de 90% do tempo livre sem ligar os três aparelhos. O desafio foi apresentado em forma de jogo, e os estudantes faziam o controle dos pontos: numa ficha assinada pelos pais, iam marcando os períodos em que mantinham os aparelhos desligados. Uma tarde sem estar diante da TV, por exemplo, valia um ponto.

"Ficar sem ver televisão, sem usar o computador, sem jogar videogame era só um aspecto da experiência", diz Monsieur Rémy. O projeto pretendia desenvolver o senso crítico das crianças em relação à tecnologia e fazê-las se conscientizar de quantas horas por dia costumam passar em frente de uma tela. Também se propunha a ajudá-las a interpretar o conteúdo do que veem, mostrar que tantas horas conectado a um aparelho é uma escolha e, como toda escolha, implica abrir mão do que não se escolheu: deixa-se de conviver com a família, de praticar esportes, de ir ao parque com os amigos ou de aproveitar uma tarde de sol.

"Quando reunimos os pais para ver se aprovavam a ideia, eles ficaram boquiabertos. Nenhum deles achava que seus filhos fossem capazes de passar nem um dia sequer longe das telas. Mesmo assim, decidiram apoiar, e a maioria ficou sem ligar a TV em solidariedade às crianças", conta Xavier Rémy. Para que pais e filhos tivessem opções de lazer, principalmente nos dois fins de semana, a associação ambientalista de Estrasburgo (ECO-Conseil) e a Câmara de Consumo da Alsácia, mentoras do projeto, ajudaram a escola a montar uma série de atividades: passeios de bicicleta, tardes na piscina pública, piqueniques nos parques, visitas aos museus e ao Comissariado de Polícia, pescaria e jogos. Pais que nunca haviam conversado antes compartilharam várias atividades. A aproximação entre as famílias foi um dos aspectos mais positivos levantados pelos "Dez dias longe das telas". "Sempre nos víamos na porta da escola, mas nunca tínhamos parado para conversar. Nem mesmo com os pais que moram em nossa rua", disse Marie Christine Mawete.

Dentro das casas, o desafio da convivência foi maior. Céline Notterman conta que, antes, sua primeira reação ao ver os quatro filhos agitados era dizer para que assistissem à televisão. Quando os aparelhos silenciaram, a família não tinha o que dizer. "Nos dois primeiros dias, as crianças ficaram mais agressivas. Depois, ao sairmos juntos para as atividades propostas pela escola, os assuntos foram surgindo."

Martin Andrea, uma argentina simpaticíssima, conta que ela e o marido já mantinham o hábito de conversar com os três filhos. O mais difícil, porém, foi o próprio casal ficar sem TV. Os dois tentavam ver os telejornais escondidos dos filhos, mas eles descobriam e chamavam a atenção dos pais. Hoje, o casal e as crianças passam menos tempo diante das telas e todos se esforçam para jantar com a TV desligada.

Para Fabienne Gierens, divorciada, quatro filhos com idades entre sete e dezessete, as famílias vivem um paradoxo: os filhos ficam mais tempo em casa por questões de segurança, mas as conversas diminuíram. Fabienne confessa que se assusta com a falta de sensibilidade dos filhos: "Contei que uma amiga havia perdido o bebê, mas eles não reagiram. Encararam como se fosse a coisa mais natural do mundo.

Quando comento sobre crianças que não têm o que comer e sobre o sofrimento no mundo, não demonstram nenhuma sensibilidade. Constatar isso me faz muito mal".

Depois dos dez dias longe das telas, Fabienne tem esperança de que a nova rotina ajude a família a conversar mais e a se entender melhor, desejo semelhante ao que todas as mães do grupo têm. "Na minha casa, nunca conversávamos depois das refeições. Todos corriam para a televisão. Agora, ficamos um tempo ali na mesa. Acho que a iniciativa da escola foi maravilhosa", diz Marie Christine.

Xavier Rémy mostra algumas das mais de seiscentas cartas de apoio que a escola recebeu, provenientes de toda a França e de outros países. A maioria expressa preocupação com o isolamento decorrente do uso exagerado da tecnologia. "Nunca tivemos tanta tecnologia avançada a serviço da comunicação", ele diz, "mas nossas conversas empobreceram. Sem conteúdo, a tecnologia é simplesmente um envelope, um meio de transmissão." O diretor alega estar felicíssimo com o resultado da experiência, mas deixa claro que o poder da escola é limitado: "Não podemos ser ingênuos e achar que vamos mudar o mundo. Mas ficamos satisfeitos por ver que houve uma tomada de consciência por parte dos alunos e das famílias".

Deixo Rémy em sua sala e vou conversar com um pequeno grupo de alunos. Conversar é força de expressão, porque o grau de paciência de toda criança com as limitações linguísticas de qualquer estrangeiro costuma ser zero. E, ao constatar que estavam falando com uma brasileira, o que os alunos queriam mesmo era saber de Ronaldinho Gaúcho. Imitavam os gestos de Ronaldinho no campo, descreviam jogadas que viram na televisão... e eu ali querendo conversar sobre as vantagens de uma vida com menos horas de TV. A correção política de Monsieur Rémy também não ajudou. Eu havia levado chaveiros e canetas com símbolos da seleção brasileira para distribuir entre meus pequenos entrevistados, mas o diretor preferiu fazer um sorteio entre os alunos da escola. Sem o "kit suvenir", tive que suar para arrancar alguns monossílabos dos *sans-télé, sans-ordinateur et sans-jeux video* (sem TV, sem computador e sem videogame). "Só assisti a um jogo de futebol", contou um deles. "Às vezes meus pais ligavam a TV e eu ia lá para dentro para não ver", disse outro. Todos concordaram que passar dez dias desconectados foi "muito difícil". A única menina do grupo disse que, mesmo assim, amou a ideia da escola. E afirmou que, hoje, ela, os pais e os irmãos conversam "um pouco melhor" que antes.

Meu irmão Ronan costuma dizer que as palavras são o único brinquedo que ele guardou de sua infância. Na casa em que fomos criados, as conversas aconteciam perto de um fogão a lenha vermelho – e o fogo nunca se apagava por completo. Minha mãe, professora de português, trabalhava o dia todo para criar os seis filhos, mas quando estava em casa conversava conosco demoradamente sobre os dramas familiares (que não eram poucos), as histórias de seus alunos (que ela amava), o filme que ia entrar em cartaz (ela nunca deixava de me levar às matinês no domingo). Ali, perto do calor do fogão, cada um segurava seu prato no colo – não havia sala de jantar –, e, protegidos pelo amor daquela professora eternamente cansada, mas jamais amarga ou impaciente, íamos empilhando palavras, construindo estruturas que pudessem nos ajudar a entender o sentido da vida. As poucas bonecas e os pouquíssimos carrinhos dos filhos da professora se foram, mas as palavras da cozinha de Araxá ficaram. E não envelheceram.

Quando vi os meninos de Estrasburgo e suas famílias tentando encontrar o que dizer no silêncio de suas casas temporariamente órfãs de tecnologia, lembrei a minha história, e tive vontade de estar no Brasil para agradecer à minha mãe, hoje com noventa anos e falando quase nada, pelas conversas que tivemos.

CONVIVÊNCIA NO CARDÁPIO

"Família é tudo igual – só muda o endereço." A frase que costumamos repetir quando o assunto são os eternos problemas familiares, nossos ou alheios, expressa uma mistura de impaciência, cansaço e carinho. Famílias nos tiram do sério, às vezes. Testam nossa resistência, frequentemente. E nos proporcionam o que a vida costuma ter de melhor – mais do que admitimos. Ao participar de um debate promovido pela revista *Marie Claire,* o filósofo Mario Sergio Cortella disse: "Não sou contra a internet, mas não gosto da obsessão que ela gera. É curioso saber de pessoas que vivem numa mesma casa mas não se falam, já que cada uma delas está conectada com outras. Isso, para mim, é doença".

O estilo de vida que escolhemos não tem favorecido a saúde da família, e por isso acabamos nos privando de nutrientes fundamentais para a nossa própria saúde. A obsessão pela tecnologia, o individualismo, a pressa, a necessidade de trabalhar cada vez mais para, cada vez mais, poder consumir comprometem a convivência familiar. Quando alguns valores são revistos, a chance de nos aproximarmos da tão falada qualidade de vida aumenta.

Para a atriz Denise Fraga, o tempo de convivência com os filhos Nino e Pedro é precioso. Ela conta que tem um trato com o marido, o cineasta e diretor de teatro e TV Luiz Vilaça: nos fins de semana, os computadores dos dois ficam desligados, ninguém trabalha. "Falo para o Luiz que precisamos dar aos nossos filhos aqueles programas inesquecíveis de um dia. Certa vez minha mãe me levou ao Museu do Índio, e eu jamais me esqueci daquele passeio."

Os filhos de Denise estão na pré-adolescência. Os de Mary Arantes já são adultos – 20 e 22 anos –, mas o cuidado é o mesmo. A designer de acessórios passa o dia se deslocando entre a fábrica e o showroom, mas enfrenta o trânsito sem reclamar porque o almoço com o marido e os filhos é sagrado. Nem nos fins de semana gosta de almoçar fora: "Vejo famílias fazendo filas nos restaurantes self-service aos domingos e acho tão sem graça... Em casa, a gente conversa. O almoço é uma pausa que se faz". Os filhos, Juliano e Gabriel, aprenderam a valorizar essa convivência. À noite, aquele que chega em casa primeiro espera o outro para lancharem juntos.

As refeições em família, acompanhadas por conversas que vão além do simples ato de falar, são vistas como algo essencial no dia a dia pelo historiador e filósofo palestino Theodore Zeldin, autor de *Conversação* e *Uma história íntima da humanidade*. Durante as refeições, aprendemos a conversar de forma civilizada, discutimos e processamos nossas descobertas diárias – tudo a partir de uma relação baseada na honestidade e na confiança. Pela importância desses encontros, o historiador, considerado um dos grandes pensadores da atualidade, lamenta que as boas conversas no almoço ou no jantar estejam se tornando raridade, E não apenas em refeições em família. Zeldin sugere que os grandes nomes da gastronomia levem em conta "a qualidade das conversas que seus pratos deliciosos poderiam inspirar". E criou as chamadas *conversation meals* (refeições de conversas), eventos em que uma pessoa se senta ao lado de alguém que não conhece, ou conhece superficialmente, e recebe um "cardápio" com 25 sugestões de assuntos ligados às grandes preocupações – nada de fofocas ou temas corriqueiros. As *conversation meals* já foram realizadas em grandes empresas, departamentos de governo e vários tipos de instituições em países como a China, a Índia, o Canadá e boa parte da Europa. Segundo Zeldin, as pessoas acham que sabem conversar, mas as boas conversas requerem tempo, concentração e profundidade – e isso tem de ser aprendido e praticado. O melhor lugar para esse aprendizado prático? A casa, claro.

Algumas vezes a convivência familiar é obrigada a extrapolar os limites da casa por absoluta falta de espaço. Heloísa Venuto, casada com um médico, conta que em 2000 decidiram comemorar a data de nascimento do avô do marido, que, se estivesse vivo, faria cem anos. A ideia inicial era agrupar os parentes mais próximos, mas o encontro foi crescendo e acabou reunindo cerca de quinhentas pessoas. "Virou uma grande reunião da família Venuto, com primos que nunca haviam se encontrado ou de quem nunca se tinha ouvido falar." A festa do centenário do avô trouxe tantas alegrias que entrou para o calendário da família.

A empresária Patrícia Rosa tem uma história parecida. Seu avô iria fazer cem anos em agosto de 2002, e os oito filhos que moram em Belo Horizonte começaram a se reunir um ano antes para planejar a festa. Os encontros eram mensais, cada mês na casa de um dos irmãos, que, apesar de morarem na mesma cidade, raramente se viam, e redescobriram nessas reuniões de família o prazer de estarem juntos. Faltando dois meses para a festa, o avô de Patrícia morreu, e, apesar da tristeza (ou talvez por causa dela), seus oito filhos decidiram que não iriam parar com os encontros mensais – e deram às reuniões o nome de *brother*. O anfitrião da vez oferece as bebidas e cada um leva um prato ou um tira-gosto. A mãe de Patrícia, de 77 anos, costuma dizer na maior animação: "Amanhã tem *brother*".

Quando falamos sobre a importância da convivência com os parentes mais velhos, a empresária se refere com tanto carinho à avó de seu marido que decido ouvir outras pessoas da família para saber como era dona Cecília de Azevedo Borges, que conheci de vista, mas com quem nunca cheguei a conversar. A filha Beatriz me contou pedaços de histórias, mostrou fotos, me deu cópias de crônicas que escreveu sobre a mãe. A neta Bianca falou por telefone, mas parecia que estávamos conversando pessoalmente, tendo ao nosso lado a figura daquela avó que deixou tantas lembranças.

Imagine se casar aos dezesseis anos, ter dezesseis filhos, morar numa fazenda completamente isolada e, ainda assim, ser uma pessoa leve: dona Cecília conseguiu. Nos primeiros tempos de casada, ela, ainda adolescente, ficava o dia todo sozinha numa casa onde não se ouvia um ruído ou uma voz – o marido saía cedinho para o campo. A solidão era tão grande que dona Cecília passava horas no alto de uma mangueira de onde se via a estrada, na esperança de avistar alguém chegando. A mudança para a cidade, anos depois, simplificou a vida, mas criar dezesseis filhos continuou sendo uma responsabilidade pesada. Quando o peso era muito grande, dona Cecília se permitia dizer: "As coisas podiam ser mais fáceis". Logo em seguida, completava: "Mas vão melhorar".

Os dezesseis filhos deram a ela 58 netos, e sua convivência com eles foi admirável. Bianca conta que a avó sabia de tudo o que os netos gostavam: "Ela me esperava com o abacate que eu amava, sabia qual era a música preferida de um neto, o prato favorito do outro – tinha aquela memória da alma, aquela delicadeza que não é de superfície. Guardou os primeiros sapatinhos do meu pai, nunca se desfez de seu vestido de noiva e plantou, ela própria, as magnólias que enfeitaram a igreja no dia de seu casamento".

Dona Cecília morreu aos 81 anos, deixando, além da paixão pelos filhos e pelos netos, um amor que a acompanhou a vida toda: era louca pelo ator Clark Gable. Numa viagem aos Estados Unidos, um de seus filhos trouxe de presente um pôster do ator, e dona Cecília, que passava a maior parte do dia na cozinha, pregou ali a foto do galã. Cozinhava olhando para Clark Gable, e, quando sobrava tempo, sentava-se na sala para ouvir o disco com a trilha sonora de... *E o vento levou*. Beatriz pega o LP, com a foto do ator amarelada pelo tempo, e nós duas ficamos em silêncio, pensando naquela mulher que foi um exemplo de força e de leveza, e que costumava dar o mesmo conselho aos netos: "Namore muito, mas não se case não".

Em matéria de convivência, os sites de relacionamento podem ter vantagem numérica. Mas, quando se trata daquela convivência que acrescenta, ensina e deixa saudades como a de dona Cecília com seus netos, sinto dizer: mas o facebook tem um longo caminho pela frente.

A TAL DA AUTOESTIMA

Apesar de complexo, o ser humano tem algumas reações absolutamente previsíveis. E foi partindo desse pressuposto que uma companhia aérea americana pôs fim a um problema que vinha causando transtornos e prejuízos aos clientes: o extravio de bagagens. A companhia já havia feito de tudo – vistorias, reuniões, advertências – e as bagagens dos passageiros continuavam sendo extraviadas. Até que alguém teve uma ideia diferente. Os gerentes responsáveis pelo setor de bagagens de todos os aeroportos onde a companhia operava foram convocados para um encontro fora de suas cidades. Ao chegar a seu destino, constataram que as bagagens haviam sumido. Depois de passar dois dias somente com a roupa do corpo, eles entenderam a situação dos passageiros e a companhia aérea resolveu seu problema.

Essa história é um exemplo de solução criativa adotada por uma empresa, mas seu significado vai além do que acontece no mundo corporativo. O comportamento dos gerentes mostra que o individualismo hoje é tão grande que, para entender o problema de alguém, é preciso senti-lo na própria pele. As pessoas estão perdendo a capacidade de se colocar no lugar do outro pela simples razão de que se colocam à frente ou acima dele. "Eu sou mais eu" é o mantra preferido dos distraídos, que se "esquecem" de prestar atenção em quem está ao lado, e adoram falar sobre autoestima, ler sobre autoestima, fazer seminários sobre autoestima. Como se precisassem se estimar um pouco mais. Essa "distração" crônica talvez seja a maior pedra no sapato da convivência. Está cada vez mais difícil conviver porque está cada vez mais difícil esquecer-se do próprio bem-estar para conceder ao outro um momento de satisfação ou de conforto.

Em dezembro do ano passado, fui assistir a um concerto de Natal no Carnegie Hall, em Nova York. Mais do que a performance da orquestra e do coro, o que me chamou a atenção foi o comportamento do público no intervalo. O auditório, com 2.804 lugares, estava lotado e pelo menos um terço das pessoas presentes passou os quinze minutos do intervalo teclando em seus celulares e iPhones. Fiquei tão impressionada que, em vez de sair para tomar café, preferi observar. Parecia cena de filme, talvez *Tempos modernos* sem o Chaplin. Algumas pessoas que estavam juntas teclavam ao mesmo tempo, ignorando-se mutuamente. Mas o que mais me desconcertou foi ver os casos em que, de duas pessoas, apenas uma mandava mensagens, enquanto a outra, sem ter o que fazer, olhava para os lados e para o teto com aquela cara de paisagem que minha amiga Marie Alice Martins prefere chamar de "cara de lâmpada" – um estado límbico em que a gente tenta fingir (sem sucesso) que não está onde está. Afinal, que sentido faz ir a um concerto com alguém e, durante os quinze minutos em que se pode falar, preferir (ostensivamente) conversar com alguém que está ausente?

Conviver, hoje, passa pelo reaprendizado da mais básica das lições: o outro existe e vale, no mínimo, tanto quanto nós.

Quando nos lembramos disso, fica mais fácil nos relacionarmos em casa, no trabalho, na escola, nas viagens em grupo ou até nos concertos de Natal. Também se torna mais simples fazer algo que é alicerce da convivência: escutar o que o outro diz, uma prática seriamente ameaçada de extinção. Falamos, falamos – ah, como falamos. Mas escutar, mesmo, que é mais do que ouvir porque envolve atenção, costuma ficar para depois. Fingimos que escutamos, balançamos a cabeça para sinalizar que concordamos, mas o pensamento está em outro continente ou no que vamos dizer assim que a outra pessoa fechar a boca. Porque o que queremos mesmo é nos escutar.

"Nossa incapacidade de ouvir é a manifestação mais constante e sutil de nossa arrogância e vaidade", escreveu o psicanalista e cronista Rubem Alves. Ao afirmar que sempre vê anúncios de cursos de oratória, mas nunca de escutatória, o escritor e psicanalista argumenta: "Todo mundo quer aprender a falar. Ninguém quer aprender a ouvir. Pensei em oferecer um curso de escutatória, mas acho que ninguém vai se matricular. Escutar é complicado e sutil". Parafraseando Alberto Caeiro, heterônimo do poeta português Fernando Pessoa, pondera: "Não é bastante ter ouvidos para ouvir o que é dito. É preciso também que haja silêncio dentro da alma". No mundo em que nada se cala, a alma dificilmente abriria exceção.

Mas nem só da incapacidade de reconhecer a existência do outro e dar-lhe atenção são feitos os percalços da convivência. Outra atitude que atrapalha os relacionamentos é a necessidade de impressionar os outros, ou "fazer bonito". Queremos que os outros nos amem, nos desejem, nos admirem, e para isso achamos que devemos ser melhores do que somos. Num esforço gigantesco para dar um *upgrade* na própria identidade, fazemos de tudo para parecermos mais inteligentes, mais jovens, mais magros, mais bem casados, mais seguros, mais bem-sucedidos, menos deprimidos do que de fato somos. Em resumo, caprichamos para que os outros nos aprovem e vamos dormir exaustos de tanto tentar ser o que achamos que os outros esperam de nós. O pior é que raramente funciona. Nem todo mundo é Fernanda Montenegro ou Anthony Hopkins, e, quando capricha na interpretação, acaba derrubando a personagem. Quando eu fazia entrevistas de estúdio, percebia a diferença no comportamento do entrevistado antes e durante a gravação. Não falo de ansiedade ou de timidez – reações naturais de quem não está acostumado com câmeras. O que me impressionava era ver como pessoas que já eram interessantes se esforçavam para ficar mais interessantes na hora de gravar – e com isso pioravam. Não há nada melhor do que alguém natural, espontâneo, que não faz gênero, não cria personagens.

Às vezes tenho a sensação de que estamos vivendo no Projac, os estúdios da Rede Globo: é tanta interpretação, tantos roteiros escritos por outros, tantas falas ensaiadas. Comentei isso com meu amigo Ronaldo Fraga, que emendou: "É um montar e desmontar de cenários…". Conviver com personagens não é prazeroso. Costumamos nos cansar em cinco minutos de espetáculo, e representar, para quem não é ator, é um imenso desgaste. Quando somos quem não somos, para que os outros nos confiram o selo de qualidade, acabamos dificultando a relação. E a vida fica irremediavelmente pesada.

"Não requebro pra fazer bonito para ninguém", diz meu amigo Pedro, de Araxá. Mas Pedro é um capítulo à parte. Por isso, fica para o próximo texto, que, entre outras coisas, trata da arte de não requebrar.

SEM REQUEBRAR

Pedro e Regina são donos de uma funerária e de uma floricultura em Araxá, e as duas filhas – uma formada em direito, outra em administração de empresas – trabalham com eles. Karina, a advogada, cuida das flores, e Aretusa, além de ajudar a administrar a funerária, cuida dos mortos: é ela quem faz a preparação dos corpos, um ritual que pode incluir banho, maquiagem e até tintura e escova nos cabelos.

O escritor russo Tolstói disse que todas as famílias felizes se parecem, mas as famílias infelizes são infelizes cada uma à sua maneira. Pode ser. Felicidade é um tema complicado, mas, já que estamos falando de convivência, posso garantir que nunca vi uma família que convivesse tão bem quanto a de Pedro e Regina. Cliente da floricultura há muitos anos (na funerária, graças a Deus, nunca entrei), sempre observei a forma com que os quatro brincam entre si – com aquele afeto genuíno que faz bem a quem está perto – e a maneira calorosa com que tratam todos os que chegam. Quem entra na floricultura encontra aquela família sorridente e generosa, toma o café coado na hora e vai ficando.

Marco uma "entrevista" (bem entre aspas) na casa deles para entender como se processa essa convivência. E encontro uma mesa de lanche inacreditável. Regina e as filhas tiveram o trabalho de se informar sobre minhas guloseimas preferidas e lá estão bolos, bombocados, biscoitos, pães de queijo, doces – uma orgia de carboidratos do jeito que eu gosto. Pedro começa a conversa confessando que a coisa que mais o irrita é quando alguém diz: "Que sorte a sua de ter uma família assim". E explica: "Não é sorte. A harmonia entre nós foi construída. É fruto de dedicação e esforço. A empresa mais importante que tenho é minha família. Nunca coloquei minha mulher e minhas filhas em segundo plano por causa de trabalho e dinheiro. Para muita gente, o foco de tudo é o dinheiro. Nunca fui assim. Minha estrada é outra. Deixei muitas coisas que gostava de fazer para ficar com elas: pescar, viajar... Esta família é uma árvore que plantei e venho adubando há três décadas".

Cada quarto da casa tem um aparelho de TV, mas isso não prejudica a convivência. Pedro conta que todas as noites eles lancham juntos, conversam na cozinha, às vezes vão para o quarto do casal, ligam a TV e conversam mais um pouco. Só aí as filhas vão para seus quartos. E, não raramente, a família sai direto do trabalho para um *happy hour:* cerveja bem gelada, pizza e muita conversa. Descontrair, os quatro dizem, é essencial. Pedro explica por quê: "Trabalhamos com os extremos. Na floricultura, lidamos com casamentos, nascimentos, aniversários, comemorações – o lado festivo da vida. Na funerária, estamos em contato direto com a morte e a dor. É uma exposição constante ao sofrimento. Mal acabamos de ver alguém desabar pela perda que sofreu, temos de chegar alegres na floricultura para receber o cliente que entra sorrindo. É preciso ter um preparo emocional grande. Brinco o tempo todo com minhas filhas, provoco o riso mesmo, para deixar o dia mais leve".

Os quatro afirmam amar o que fazem. Aretusa fala com surpreendente carinho dos mortos de que precisa cuidar. Serena, sorridente, descreve a sua rotina na funerária como se fosse a atividade mais simples do mundo. "Aprendo diariamente com a morte. Nem os sapatos a gente leva deste mundo. Isso faz pensar no que realmente tem valor." Pedro concorda: "Cada contato nos humaniza e nos faz valorizar a vida". Karina, mais extrovertida que Aretusa, conta que não tem a vocação do pai e da irmã para trabalhar tão diretamente com a morte. Vai à funerária, ajuda no que for preciso, mas prefere o lado festivo da floricultura.

Regina ouve as filhas e o marido, alinhavando a conversa com um comentário aqui, outro ali, e a expressão mais serena do mundo. As filhas dizem que nunca viram a mãe mal-humorada, e Pedro confirma: "Nada tira minha mulher do sério". Pedro e Regina vêm de famílias grandes: "Tanto na casa dele quanto na minha eram catorze irmãos", ela conta, "e acho que isso nos deu flexibilidade para viver. Aprendemos a ter mais jogo de cintura, a lidar melhor com as dificuldades. Eu me considero uma pessoa superfeliz. Às vezes, aos domingos, fico ali na cozinha preparando o almoço e tomando minha cervejinha, e aí danço, sozinha mesmo, e penso em como sou feliz". As filhas, sentadas no chão, olham com encantamento para a mãe, que divide o sofá com o marido. Comento sobre o otimismo dos quatro, e Regina confessa que de pessoas que só reclamam da vida ela quer distância. Aretusa evita quem gosta de falar mal dos outros: "Tenho um chip no meu cérebro que bloqueia essas conversas. Se for obrigada a ficar perto de alguém que fala mal de outra pessoa, o chip entra em ação e simplesmente paro de ouvir".

Naquela família ninguém faz gênero: são de uma naturalidade invejável. Pedro resume seu jeito de ser com uma frase:

"Não requebro pra fazer bonito pra ninguém". A conversa chega ao fim, olho minhas anotações e sinto que falta algo. Como se eu, que não acredito em receitas de felicidade, precisasse entender a equação daquela família – que não é de comercial de margarina, nem de filme de sessão da tarde. "Como vocês conseguem ter esse equilíbrio?", pergunto. Pedro, nascido e criado na cidade dos doces, responde: "É igual a doce de leite: não adianta você ficar mexendo por três horas, nem tirar o tacho do fogo antes do momento certo. Tem um ponto ideal. Acho que nós quatro agimos assim: cada um respeita o próprio ponto e entende que o outro tem o ponto dele, que deve ser respeitado. No fim das contas, dá certo".

Saio levando uma bandeja pecaminosa de doces – todos no ponto – que as três mulheres da casa prepararam com capricho. No dia seguinte, passo de carro em frente à funerária e imagino Aretusa e Pedro lá dentro – pai e filha juntos, brincando um com o outro para deixar o dia mais leve. Na floricultura, Regina e Karina coam mais um café e fazem planos para o próximo festival de axé de Ribeirão Preto (que mãe e filhas não perdem) ou conversam carinhosamente com os clientes – não dizem o que não pensam, não seguem roteiros escritos por outros, não se colocam no centro do mundo, não "requebram para fazer bonito" para ninguém. Uma família feliz, daquelas que Tolstói descreveu? Não sei. Prefiro dizer que é uma família que sabe conviver, ou que tirou o tacho do fogo na hora certa.

Felicidade?

*Não incluiria a busca pela felicidade sua própria ruína?
O mandamento moderno de ser feliz não produz
ele mesmo formas de descontentamento?*

Darrin M. McMahon, autor de *Felicidade: uma história*

OS NÚMEROS DA FELICIDADE

Manhã gelada em Haia, na Holanda, Desço do táxi numa rua silenciosa e deserta, toco de leve a campainha da casa, certa de que ali (e em todas as outras casas da vizinhança) não há ninguém acordado, e me surpreendo quando, segundos depois, meu entrevistado abre a porta sorridente e ligeiramente constrangido por me receber na casa de sua mãe, em pleno sábado, para um compromisso profissional. A entrevista havia sido agendada para a segunda-feira seguinte na Erasmus University, em Roterdá, mas o doutor Ruut Veenhoven propôs anteciparmos a conversa para o fim de semana que passaria com a mãe em Haia. Numa sala aconchegante, com vaso de tulipas na mesa e um café preparado pelo próprio doutor Veenhoven, abro meu caderno de anotações, respiro fundo e penso: por onde começar a entrevista?

Estou diante do sociólogo que criou e coordena o maior banco de dados do mundo sobre felicidade: o World Database of Happiness, da Erasmus University, que mede os índices de felicidade das nações e reúne mais de oito mil estudos sobre o tema. Minha intenção não é ouvi-lo falar sobre números, é saber o que acha da felicidade alguém que se especializou em traduzi-la numericamente.

Começo perguntando sobre felicidade de forma geral, mas, assim que me refiro a seu trabalho, o doutor Veenhoven faz o que eu mais temia: vai direto ao notebook e começa a mostrar uma sucessão vertiginosa de tabelas, mapas, gráficos e índices indecifráveis. Claro: sua especialidade é essa. Lá fora, os termômetros marcam dois graus abaixo de zero e dentro da casa a temperatura é confortável, mas, no esforço para entender o que está na tela, e que nem remotamente lembra qualquer imagem que eu tenha de felicidade, começo a suar. Tiro o cachecol, depois uma das três blusas que havia vestido debaixo do casaco, e o calor não passa. Ao constatar meu desconforto, o sociólogo deixa o notebook de lado e, pacientemente, começa a conversar.

Conta que se interessou pelo tema da felicidade quando ainda era aluno do curso de ciências sociais na década de 1960. Numa época em que a sociologia se voltava para a miséria e a psicologia (que ele também estudou) tratava de doenças, Veenhoven queria saber em que países as pessoas se sentiam mais felizes e quais eram as causas dessa felicidade. Seus professores afirmaram que era impossível medir a felicidade de um povo. Mas ele insistiu, passou anos pesquisando, publicou livros e centenas de artigos, criou o World Database em 1984, transferiu os dados para os computadores da universidade quinze anos depois e hoje é uma das estrelas da psicologia positiva, que mantém seu foco na saúde mental (e não nas doenças) e fala sem pudor sobre coisas como contentamento, felicidade e alegria.

Todos os jornalistas que entrevistam Ruut Veenhoven querem saber como é possível medir a felicidade. Incapaz de ser original, pergunto a ele como se mede o que sentimos, por exemplo, quando depois de uma longa ausência reencontramos alguém que amamos. O holandês admite que algumas coisas que associamos à felicidade são imensuráveis, mas garante que é possível precisar o grau de satisfação que as pessoas sentem com sua vida de maneira geral. É o que ele e sua equipe fazem. Medem a felicidade individual ou subjetiva e pedem às pessoas que respondam a um questionário em que aparece a mais básica das perguntas: "Considerando sua vida como um todo, qual é seu grau de satisfação? Expresse essa satisfação com um número de um a dez". As pessoas normalmente têm consciência do tamanho de sua felicidade, alega o doutor Veenhoven. Pode haver distorções, parcialidade, certa tendência a "colorir" a realidade, mas nada que comprometa o resultado da pesquisa. E esse resultado é definido pela combinação dos dados subjetivos com indicadores das condições de vida no país, que incluem renda *per capita*, expectativa de vida, educação, segurança e autonomia.

Peço para ver o mapa da felicidade no mundo, e o sociólogo me mostra a lista. Primeiros lugares, ou seja, os países mais felizes entre 95 pesquisados: Islândia, Dinamarca, Suíça, Colômbia, México, Áustria, Suécia, Austrália, Finlândia, Luxemburgo, Noruega, Canadá, Holanda... E o Brasil? Onde está o Brasil? Está lá no décimo sexto lugar. Estados Unidos? Vigésimo sétimo. E os mais infelizes dos pesquisados? Angola, Zimbábue e Tanzânia.

Na época da entrevista (fevereiro de 2009), a lista ainda não mostrava os reflexos da crise econômica mundial, e o sociólogo holandês comentou que a Islândia não demoraria a perder o primeiro lugar. De fato, houve uma troca: o primeiro hoje é a Costa Rica. A Dinamarca continua em segundo lugar e a Islândia passou para o terceiro. Conversamos mais de uma hora sobre o mapa da felicidade, mas o ideal seria uma semana de conversa. O doutor Veenhoven explica que há uma infinidade de variáveis em jogo. O desenvolvimento econômico, por exemplo, tem relação direta com a felicidade. Basta ver que no Zimbábue o índice médio de felicidade da população é de 3,3, enquanto na Dinamarca é de 8,4.

Mas o sociólogo admite que ele próprio ficou surpreso com o fato de Colômbia e México estarem à frente de Portugal e Espanha, países com uma economia mais desenvolvida. E levanta uma possibilidade interessante: as relações pessoais nas sociedades colombiana e mexicana podem ser um fator de peso. O doutor Veenhoven menciona a convivência próxima das famílias nos dois países e cita os "*compadres*", que classifica como uma instituição mexicana, o que acaba ampliando o núcleo familiar. Essa espécie de rede afetiva amortece os impactos da vida e encurta o caminho para a felicidade – um fator cultural que pesa na equação.

E o Brasil, onde supostamente não há escassez de calor humano? Por que, em matéria de felicidade, estamos atrás da Colômbia e do México? Não há uma resposta pronta, como eu gostaria. O sociólogo volta a lembrar que é imensa a quantidade de variáveis consideradas até se chegar ao índice que ele chama de GNH (Gross National Happiness), uma espécie de PIB da felicidade de cada país. Na época de nossa conversa, o Brasil estava com um índice de felicidade de 7,4. O do México era de 8, e o da Colômbia, de 8,1 (mesmo índice da Suíça).

Passamos para outras conclusões das pesquisas: os casados são mais felizes que os solteiros, mas só até a chegada dos filhos – aí o tempo fica nublado. O dinheiro traz felicidade, mas até certo ponto – a partir do momento em que supre nossas necessidades e assegura nosso conforto, ter mais não faz muita diferença. A religião ajuda a ser feliz mais pelo fato de a pessoa pertencer a uma igreja do que pela crença religiosa em si. Pessoas felizes vivem mais – não porque a felicidade cure, mas porque ajuda a prevenir doenças. Os dados se sucedem, mostrando que a felicidade é um prato elaborado e a receita ainda não foi plenamente traduzida pelos computadores. Os ingredientes estão lá – ou parte deles –, mas falta o modo de fazer.

Ruut Veenhoven compara a felicidade à saúde: é influenciada pelo meio em que vivemos, pela genética, pelas circunstâncias e pela sorte, embora possa aumentar, dependendo de nosso comportamento. Existe o que ele chama de "habilidades básicas para lidar com a vida", ou para enfrentar problemas. "Pessoas felizes não são pessoas que não têm problemas. São aquelas mais preparadas para enfrentá-los, porque geralmente têm bom senso, resistência, capacidade de tolerar frustrações etc."

Investir na estrutura emocional é investir na felicidade, sugere, já que a postura de cada um diante da vida tem um papel fundamental. "Em países como a Holanda ou a Suécia, em que as condições sociais são boas de modo geral, o que vai diferenciar o grau de felicidade de um indivíduo é o aspecto subjetivo, o fator psicológico. Sempre existirão pessoas mais felizes que outras num mesmo meio, num mesmo ambiente. Até no céu: se você chegar lá, verá que algumas pessoas estarão mais felizes. São aquelas mais bem equipadas do ponto de vista psicológico."

A conversa chega ao fim, mas não resisto: peço ao doutor Veenhoven para me receber por dez minutos na segunda-feira, na Erasmus University de Roterdã. Só o tempo de conhecer o local onde funciona o World Database of Happiness. Ele concorda, e na segunda nos encontramos. Primeiro visito a sala em que estão os computadores. Uma equipe concentradíssima trabalha com os olhos grudados nas telas. Alguns são voluntários, e todos parecem tensos. Custa-me processar a ideia de que ali naquela sala sombria, em milhares e milhares de arquivos, estão mapeados os caminhos, ou alguns caminhos, para a coisa que mais buscamos na vida, o sonho dourado da humanidade desde que o mundo é mundo. Passamos para a sala do criador do banco de dados – minúscula, onde não cabe mais nenhum papel –, e pergunto se ele é feliz, desculpando-me por fazê-lo responder a algo que já deve ter respondido pelo menos cem vezes. O doutor Veenhoven diz que sim, e completa: "Mas honestamente não sei dizer por quê". Como assim?! Ele sorri, um sorriso complacente de quem já contava com a minha surpresa: "Sei que sou feliz, mas os motivos de minha felicidade só posso imaginar. É como a saúde: você sabe que está boa quando se sente bem, caminha, pratica esportes etc. Mas não sabe se está bem porque come maçãs todo dia ou por causa de sua genética".

Faria sentido em qualquer outro lugar, mas ali? Logo o homem que tem diante de si mais de oito mil estudos sobre a felicidade não sabe por que é feliz? "Se todas as pessoas soubessem por que são felizes eu perderia meu emprego." *Fair enough,* respondo – nosso popular "tá certo". Mas depois ele diz, sério: "É realmente muito difícil saber a causa, ou as causas, de nossa felicidade. Às vezes, a gente fica no escuro mesmo". Sinto alívio. Fecho o caderno e começo a me despedir, mas o professor parece se lembrar de algo e faz dois comentários essenciais: o primeiro é que a saúde mental é muito mais importante para a felicidade do que a saúde física e, mesmo assim, investimos muito mais na saúde física; o segundo é que nada garante a felicidade, nem amor, nem dinheiro, nem mesmo a família. Mas algumas coisas podem ajudar muito, principalmente a qualidade das relações que temos com as pessoas mais próximas. A competência para conviver pode ser um grande aliado da felicidade. E conclui:

"A arte de viver bem, que inclui a competência para se relacionar com os outros, deveria ser ensinada nas escolas". As palavras de P. M. Forni, professor de civilidade da Universidade Johns Hopkins, me vêm à cabeça: "Quando diminuímos o peso da existência para aquelas pessoas que nos cercam, é sinal de que vivemos bem". Diminuir o peso: talvez seja essa a maior competência em termos de convivência.

Pego o metrô e depois o bonde em direção ao meu hotel. Antes de entrar, paro num café para comer biscoitos de aveia com passas e tomar um chocolate quente. Lá fora, os flocos de neve caem como sempre caíram – absolutamente leves. Nesse momento, tenho certeza de que, em vez de correr atrás da felicidade, prefiro andar em busca da leveza. Na medida do possível. E sem pressa.

A OBRIGAÇÃO DE SER FELIZ

Faça a experiência: pegue um álbum de fotos antigas, aquelas de avós e bisavós, observe bem e depois diga quantas pessoas sorridentes você encontrou ali. Uma? Nenhuma? Pois é. A época do "*Say cheese*" ou "Fala xis" é mais recente do que se pensa. A do "Sorria, você está sendo filmado", mais ainda. Hoje, raramente alguém que posa para uma foto assume uma expressão de seriedade ou tristeza. Sorria para a câmera, o fotógrafo ou cinegrafista nos diz. E nós, diligentemente, obedecemos.

Em seu livro *Happiness Is a Serious Problem* (A felicidade é um problema sério), o americano Dennis Prager afirma que nos sentimos obrigados a demonstrar que estamos felizes, nas fotos ou fora delas, e essa demonstração coletiva de "felicidade" faz as pessoas tirarem conclusões erradas. Acham que todos estão felizes de fato e se julgam piores do que o restante da humanidade porque não conseguem sentir aquela felicidade toda. A grama do vizinho é sempre mais verde, afirma o ditado. Ou a mulher do vizinho é sempre mais magra, como prefere Millôr Fernandes. Também a felicidade do vizinho supera a nossa. Ou, pelo menos, é o que acreditamos.

Ser feliz nunca esteve tão na moda. O sorriso constante para as câmeras é apenas uma das manifestações do que tem sido chamado de "tirania da felicidade". Nunca se estudou, se falou e se buscou tanto o que pode levar a uma vida feliz. Os números do mercado editorial mostram isso. Em 2000, foram lançados cinquenta livros sobre felicidade nos Estados Unidos. Em 2008, segundo a revista *Psychology Today*, quatro mil livros sobre o tema chegaram ao mercado americano: um salto olímpico. E a palavra "felicidade" frequenta programas de rádio e TV, filmes, palestras, seminários, debates on-line e consultórios médicos no mundo todo. Queremos filhos felizes, relacionamentos felizes, empregos que nos ajudem a encontrar felicidade, e acreditamos que tudo isso pode estar ao nosso alcance. Afinal, tem muita gente afirmando que sim. Mas será que é tão fácil? Para começo de conversa, a felicidade pode ser conceituada de mil e uma maneiras, e muitos autores que escrevem sobre ela abrem seus livros dizendo que vão tratar de algo difícil, ou impossível, de definir. Ou seja, corremos atrás de algo que nem sabemos bem o que é, o que faz da empreitada mais que um simples desafio.

A busca da felicidade é uma das principais fontes de infelicidade, disse o filósofo e escritor americano Eric Hoffer, que morreu em 1983. De lá para cá, essa busca só tem aumentado. Quanto à felicidade, não é isso que as estatísticas sugerem. Nos Estados Unidos, oito dos dez remédios mais vendidos hoje são usados para tratar doenças ligadas ao estresse: antidepressivos, tranquilizantes, soníferos e medicamentos para hipertensão e problemas gástricos. Os índices de depressão são dez vezes maiores que na década de 1960, e as pessoas estão ficando deprimidas cada vez mais cedo. Em 1960, a idade em que a depressão se manifestava era 29 anos e meio; hoje, 14 anos e meio.

Segundo Tal Ben-Shahar, professor de psicologia positiva da Universidade de Harvard, outros países estão seguindo os passos dos Estados Unidos. Ele cita o crescimento expressivo dos casos de depressão e ansiedade na China, onde o Ministério da Saúde declarou recentemente que a saúde mental de adultos e crianças apresenta um quadro preocupante. No Brasil, entre 2005 e 2009, as vendas de antidepressivos e estabilizadores do humor cresceram 44,8%. Há pelo menos cinco anos o mercado brasileiro de antidepressivos cresce acima da média mundial. De acordo com dados da Previdência Social, os transtornos mentais e comportamentais já são a terceira causa de afastamento do trabalho no país.

Segundo o autor de *Felicidade: uma história,* o historiador americano Darrin McMahon, deve-se levar em conta que hoje há mais condições para que os casos de depressão sejam diagnosticados, mas isso não basta para explicar os índices crescentes da doença. Ou seja, o problema está mais visível porque é detectado e porque o desconforto emocional da população é, de fato, maior. E, ironicamente, uma das possíveis causas desse desconforto seria a preocupação obsessiva de acabar com ele. Como se já não tivéssemos peso suficiente para carregar, agora transportamos de um lado para outro o que Darrin McMahon chama de "a infelicidade de não sermos felizes".

Na apresentação do livro de McMahon, o filósofo Renato Janine Ribeiro se refere ao "espantoso e terrível paradoxo" de a felicidade ter virado fardo e dever. Segundo Janine, professor de ética e filosofia política na USP, de duzentos anos para cá a felicidade se tornou um assunto central, e as pessoas passaram a se sentir com direito a ela. Mas, no século XXI, a coisa foi mais longe: a felicidade virou obrigação: "Precisamos, devemos ser felizes, sob pena de amargarmos o pior dos fracassos".

Na entrevista que fiz com o filósofo, perguntei se a felicidade que virou fardo não poderia dar lugar à leveza que aceita conviver com a tristeza, a angústia, os fracassos, as limitações – com "a vida como ela é", e não como nossa cultura euforizante gostaria que fosse. "É exatamente o que penso", respondeu Janine Ribeiro. Faço questão de transcrever o que ele disse na íntegra, porque foi uma aula em um parágrafo: "A tradição filosófica distingue a felicidade e o prazer. Prazeres se dão no instante, e nele se produzem e se esgotam. Nosso tempo celebra em especial os prazeres que têm na paixão amorosa seu paradigma. Mas a paixão é, segundo a etimologia, aquilo em que somos passivos. Somos então tomados, possuídos, dominados pelas paixões. Elas, além disso, nos iludem. O estado da paixão é um estado de engano. Enganos são necessários. A vida em sociedade é feita de inúmeros enganos. São, também, inevitáveis. Mas a busca da felicidade é outra coisa. A felicidade, diz Rousseau, é 'um estado simples e permanente', em que 'a alma basta a si mesma'. Não é uma sucessão de estados eufóricos e depressivos. Nossa época é um tanto bipolar porque, de tanto buscar a euforia, ela cai inevitavelmente na depressão e na melancolia. Então, quando fazemos da felicidade uma obrigação, estamos chamando de felicidade o que é, mesmo, um prazer intensificado e permanente. O único problema é que isso não existe... A felicidade é mais modesta. Fazem parte dela o aprendizado, a renúncia, a capacidade de converter a decepção em algo positivo. Em outras palavras, só é feliz quem souber reciclar suas tristezas. Frustrações são importante matéria-prima para a felicidade".

Ao vender uma felicidade que é uma sucessão de prazeres, inevitavelmente seguidos por momentos depressivos ou de absoluto vazio, nossa cultura nos afasta cada vez mais da felicidade possível – modesta, como diz Janine Ribeiro, e ainda assim dificílima de se encontrar e de se reconhecer.

DADÁ BEIJA-FLOR

No camarim da emissora de TV em que trabalhávamos na época, o ex-jogador de futebol e comentarista Dario, o Dadá Maravilha, disse durante uma conversa: "Sou alegre, mas não sou feliz". Hoje me lembrei dessa frase e liguei para ele. Conversamos longamente sobre a alegria que todos veem que ele tem, a felicidade que muitos acreditam que ele sente e a leveza que sempre associei a ele – uma leveza triste. Autor de frases que o Brasil inteiro conhece ("Não venha com a problemática que eu tenho a solucionática"; "Não existe gol feio. Feio é não fazer gol"; "Faço tudo com amor, inclusive o amor"), Dadá foi um dos maiores artilheiros do futebol brasileiro e, uma vez, ao fazer referência à forma com que cabeceava a bola para marcar gols, disse: "Três coisas param no ar: o helicóptero, o beija-flor e Dadá".

Nascido em Marechal Hermes, no Rio de Janeiro, o ex-jogador teve a infância e a adolescência marcadas pelo sofrimento. Além da pobreza, viu a mãe morrer quando ele tinha cinco anos, e logo depois foi encaminhado pelo pai ao Serviço de Assistência aos Menores. A partir daí, foi criado (se é que se pode dizer assim) sem família e chegou a ter passagens pela Febem. Até que o futebol entrou em sua vida e o jovem Dadá teve a chance de reescrever seu roteiro. Jogadas exóticas, frases de efeito, irreverência – tudo isso ajudou a criar a imagem de uma pessoa alegre. Mas a distância entre a alegria e a felicidade o centroavante não conseguiu percorrer. "Todo mundo me vê rindo e brincando na TV ou nas ruas e acha que sou feliz. Sorrir não é sinal de felicidade. No meu caso, é sinal de alegria. É aquilo mesmo que falei a você: sou alegre, mas não sou feliz. Deus me deu esse privilégio de ser alegre, andar, sorrir, procurar meu destino e até minha felicidade. Só que ela eu ainda não achei. Procurei muito, mas infelizmente não encontrei. Sou amável, sou afável, conquisto todo mundo, mas dentro de mim sempre existiu uma coisa insaciável de querer ser sempre o melhor, desejar o máximo de tudo. Foi aí que me perdi, ou melhor, não me perdi, apenas não consegui me achar."

E a leveza? Quanto o ex-artilheiro do Atlético Mineiro e do Internacional de Porto Alegre tem da leveza que aparenta? Ele responde com convicção: "Ah, leveza, sim. Isso eu tenho. Carrego a leveza dentro de mim e agradeço a Deus todo dia por ela, porque sei que é uma coisa que Ele não deu para muita gente".

Dadá se diz "alucinado" com beija-flor: "Quando vejo um beija-flor parado no ar, esqueço de tudo: de que tenho contas para pagar, de que sou triste, de que moro sozinho, de que preciso de um amor, de que tenho de ligar para os meus filhos". Pergunto se ele tem a leveza do passarinho. "É mais do que ter. Eu vivo a leveza do beija-flor", responde. Quem viu o gol que ele marcou contra o Botafogo em 1971, garantindo a vitória do Campeonato Brasileiro ao Atlético Mineiro, sabe do que Dadá Maravilha fala. Quem convive com ele, também. Voando em ponto fixo para cabecear uma bola ou tirando da vida muito do peso que ela poderia ter, Dadá certamente tem alma de beija-flor. E quem falou que beija-flor precisa ser feliz?

O SORRISO DA MONA LISA

"Cabelos felizes": era esse o título da matéria especial ("um guia completo para seus cabelos") anunciada com destaque na capa de uma revista feminina. Li o título rapidamente, ao passar por uma banca de jornais, e fui embora pensando no que seriam cabelos felizes. Cabelos com autoestima, talvez? Psicanalisados? Lavados com fluoxetina? Quem sabe cabelos que aprenderam o duro caminho do desapego ou que decidiram rever seus valores depois de uma viagem à Índia ou ao Nepal?

Não é fácil viver num mundo em que até os cabelos são obrigados a ser felizes. E a gente começa a se perguntar: qual é o lugar da tristeza? Podemos – ainda – nos sentir tristes? Não é o que acredita Eric Wilson, crítico implacável do que chama de "obsessão pela felicidade" na sociedade americana – uma sociedade que reconhecidamente nos influencia. Em seu livro *Against Happiness* (Contra a felicidade), ele afirma que as pessoas estão aniquilando a melancolia e expurgando a tristeza de suas vidas. Wilson se refere aos sorrisos inócuos e ao contentamento desesperado que fazem parte do cotidiano de uma sociedade que se recusa a aceitar os estados de espírito mais sombrios.

Não existe alegria sem tristeza, alega Eric Wilson. A vida é feita de oposições, e negar isso é negar a realidade. Só admitindo e vivendo momentos melancólicos é que seremos capazes de viver com profundidade momentos de alegria. Ele lamenta que as expressões de tristeza sejam vistas como demonstrações de fraqueza. Ninguém nos "deixa" ficar tristes. Temos de reagir, sorrir, fingir que estamos alegres. E é justamente a melancolia, admite Wilson, que mais nos conecta com nós mesmos. Quando estamos profundamente tristes ou angustiados, pessoas e objetos que nos cercam deixam de ser familiares e de nos proporcionar conforto. Nesses momentos de estranhamento com o que está à nossa volta, o foco muda e é hora de fazer a longa viagem para dentro de nós. Quando saímos (e quase sempre saímos), estamos mais conscientes de nossos limites, mais familiarizados com o que desejamos. Estamos inclusive mais preparados para desfrutar a alegria.

Alguns anos atrás, por causa de uma fase aguda de depressão, passei quatro meses praticamente fechada na casa de minha mãe, em Araxá. Depressão é algo que conheço bem. Há 28 anos me trato – não só dela, mas de síndrome do pânico, que consegue ser um pouco pior. Aqueles quatro meses foram o ponto mais fundo do fundo do poço. Abandonei meu trabalho em Brasília e fiquei ali, num quarto pequeno, de onde podia avistar a cadeira em que minha mãe sentava. Só com ela eu conseguia me comunicar – quase sempre em silêncio. Até que uma amiga indicou um psiquiatra em Belo Horizonte que aceitou conversar comigo por telefone. Depois dessa conversa, comecei a escrever um resumo de minha história de vida, meus tratamentos anteriores e tudo o que estava sentindo naquele momento. Queria entregar ao psiquiatra antes de nossa primeira sessão, que aconteceria quando eu melhorasse o suficiente para viajar. Cansada de conversar com outros terapeutas, achei que assim seria mais fácil. Ele leria o que os outros tinham ouvido.

E foi assim, mergulhando na tristeza de um quarto em Araxá, escrevendo numa velha máquina de datilografar cheia de letras falhando (como eu), que acabei escrevendo o que nunca havia dito, sentindo o que nunca havia sentido e admitindo o tamanho da minha angústia. Quando acordava de madrugada, o silêncio absoluto daquela casa me obrigava a me ouvir. Quando minha mãe, sabiamente, economizava as palavras, eu era forçada a me fazer companhia. Aos poucos, os fantasmas foram se despedindo, com a suavidade dos que não querem incomodar. Peguei um ônibus para Belo Horizonte, entreguei minhas folhas datilografadas para o psiquiatra mal tinha acabado de cumprimentá-lo e, como se não tivesse escrito uma só linha, comecei do zero minha conversa com ele.

Conto essa história só para dizer que, por mais dura que seja, a longa viagem para dentro de nós mesmos a que se refere Eric Wilson às vezes é o único roteiro que podemos aceitar entre os tantos que nos oferecem. Embarquei num momento de crise, um momento extremo da minha vida, mas aprendi com ele a respeitar as tristezas de pequeno e médio portes que viriam depois. Numa cultura que faz de tudo para nos distrair, é muito fácil acreditar numa felicidade que não é nossa, ou que não é real. Essa felicidade oca, essa estrutura cenográfica criada para durar seis meses de gravação, não serve de moradia. Na primeira chuva forte, a casa cai. E aí a gente descobre que a grama do vizinho só parecia mais verde porque era artificial.

Durante a nossa conversa, o estilista Ronaldo Fraga confessou que é melancólico, que tem muitos momentos de saudosismo assumido, mas se considera feliz. Resumiu: "Acredito na felicidade que tem a justa medida da tristeza, a justa medida da saudade, a justa medida da euforia". E acrescentou, rindo: "Mas, à medida que o tempo passa, vou ficando mais para intolerante do que para alegrinho". Ronaldo vive a felicidade possível, ou a felicidade modesta de que falou Renato Janine Ribeiro, aquela que aceita conviver com frustrações, reciclar tristezas, e aprender com as duas coisas.

É o que faz também minha amiga Bernadette Corrêa, arquiteta. Liguei para ela depois de ler um artigo sobre neuroarquitetura, um novo campo do design que estuda a influência de um ambiente sobre os processos cerebrais. Traduzindo (sem garantia de tradução): a neuroarquitetura leva mais longe aquela história do papel das cores e da iluminação na decoração, que há alguns anos se conhece. O que está sendo feito agora é um mapeamento das emoções provocadas pela disposição dos móveis, pelos objetos de decoração, pelo estilo mais *clean* ou mais carregado, além da iluminação e das cores, é claro. Fatores que reduzem o estresse, ativam a memória, proporcionam bem-estar emocional – tudo isso pode ser definido a partir de estudos que mostram como nosso cérebro reage ao ambiente em que estamos. E isso, em tese, aumenta a possibilidade de fazermos de nossas casas lugares onde nos sintamos bem. Depois de cabelos felizes, será que agora é a vez das casas? Vamos ter casas felizes também?

Quando atendeu à minha ligação, ela contou que uma cliente com quem tinha acabado de conversar disse que gostaria de uma casa com bastante luminosidade em todos os cômodos. Mas a arquiteta citou outra cliente que, depois de haver pedido uma casa com essa mesma característica, constatou que se sentia melhor em ambientes com pouca luz e mandou pôr cortinas pesadas em todos os ambientes. Segundo Bernadette, seu trabalho consiste em traduzir o sonho de quem vai construir, e sonhos são completamente subjetivos e sujeitos a mudanças. Impossível partir de preceitos definidos por estudos neurológicos e querer estabelecer regras gerais para a criação arquitetônica. "O sonho de toda pessoa que constrói uma casa é ser feliz nela", diz a arquiteta, "mas a felicidade é completamente pessoal e relativa. Às vezes, a pessoa tem a casa dos sonhos, um trabalho interessante, saúde, uma família feliz e ela mesma não é feliz."

Minha amiga confessa que não tem paciência com a obsessão pela felicidade nem com as pessoas excessivamente alegres, que falam o tempo todo sobre a felicidade que sentem. "Acho cansativo, porque dá a impressão de uma coisa pouco genuína." Bernadette tem um amigo que sofre da mesma impaciência e, há pouco tempo, desistiu de uma viagem a Buenos Aires quando soube que um conhecido, de bem com a vida 24 horas por dia, faria parte do grupo. "Não aguento aquele cara com aquela felicidade toda", disse o amigo, que preferiu ficar em casa, ouvindo sua coleção de CDs de tango. Para encerrar a conversa, pergunto a Bernadette se ela é uma pessoa leve. "Depende da época", responde com toda a honestidade. Ou seja, ela não tem compromisso nem com a leveza. O que, no final das contas, pode ser o jeito mais leve de viver.

O psicólogo americano Steven Hayes já criticou duramente a obrigação de ser feliz. Aceitar a dor sempre fez parte dos costumes e das tradições do ser humano, diz ele, mas hoje, pela primeira vez na história da humanidade, existem tecnologia, remédios e terapias para acabar com ela. Tratar uma depressão é uma coisa. Tomar remédios para calar a tristeza e as frustrações que fazem parte da vida é outra. O psicólogo sugere que encaremos a felicidade de forma realista: nem como ausência completa de dor nem como sequência de momentos nos quais nos sentimos bem. É fácil preencher a vida com episódios que proporcionam bem-estar efêmero, alega, mas eles não impedem que carreguemos a consciência de que somos mortais, de que sofremos perdas, dramas pessoais, traições ou doenças. Fingir que essas coisas não existem e embarcar na ilusão da euforia permanente é fazer da felicidade um sonho ainda mais distante. Segundo Hayes, esta é uma das causas da incidência cada vez maior de doenças psicológicas: "Você tenta não sentir o que está sentindo, e o resultado é que sente mais ainda".

Dois cientistas que desenvolveram um software para identificar emoções na expressão facial se lançaram a uma tarefa inusitada: desvendar o sorriso da Mona Lisa. Nicu Sebe, da Universidade de Amsterdã, e Tom Huang, da Universidade de Illinois, desconstruíram a pintura de Leonardo da Vinci, quantificaram as emoções e chegaram a um resultado curioso: o sorriso mais famoso e enigmático do mundo expressa 82,67% de felicidade e 17,33% de sentimentos negativos (desprezo, medo e raiva, em ordem decrescente). Da Vinci, que usou a técnica do *sfumato* para reduzir os contrastes e expressar emoções com infinita sutileza, provavelmente não gostaria de ver sua obra traduzida em números. Mas a pergunta que fica é: se o sorriso da Mona Lisa fosse 100% feliz, será que, depois de cinco séculos, o mundo ainda se encantaria com ele?

UM LUGAR CHAMADO TRAGÉDIA

Um povoado com pouco mais de uma dezena de casas, uma igreja, uma escola e um bar. Nome oficial? Tragédia. Nome do riacho que passa próximo do vilarejo: ribeirão do Inferno. Quando eu soube que havia um lugar assim perto de Araxá, não tive dúvida: peguei meu carro e fui conversar com os moradores de lá. Afinal, quem vive num povoado chamado Tragédia, tendo como vizinho o ribeirão do Inferno, já nasceu personagem. O vilarejo pertence a dois municípios, Ibiá e Tapira, algo que vive lhe rendendo dores de cabeça de ordem burocrática, mas nenhuma tão grave a ponto de justificar o nome. O que faria, então, com que um povoado ficasse conhecido como Tragédia? As versões são muitas. Um morador conta que uma tropa de burros teria sido assaltada quando passava por lá há mais de cem anos. Outro menciona uma briga de famílias. E há quem cite um assassinato que ocorreu há muitas décadas, sem dar qualquer detalhe. O assunto gera um desconforto visível. Fico sabendo que parte da população quer mudar o nome do local para Alto da Serra, mas, como me disse um ex-morador nascido e criado na Tragédia (lá se diz "a" Tragédia, com artigo definido), "Não adianta: Alto da Serra não vai pegar".

Percorro a rua que corta o agrupamento de casas – um trecho da estrada que dá acesso à serra da Canastra e que tem um movimento grande de carros e caminhões. Depois vou ao grupo escolar conversar com as professoras, bato palmas diante de uma casa em que uma mulher lava roupas no tanque e peço para entrar. Não é fácil explicar o que estou fazendo ali. Uma jornalista escrevendo um livro sobre leveza? O que é leveza? E o que os moradores da Tragédia têm a ver com isso? Mesmo com tantas interrogações (todas silenciosas), eles me acolhem. E a conversa para valer, daquelas que custam a terminar, acabo tendo com dona Terezinha, dona do bar, que nasceu na Tragédia há setenta anos, foi batizada na primeira missa celebrada na igreja do povoado e sempre morou ali.

Dona Terezinha conta que se casou aos dezesseis anos, tem sete filhos, onze netos e cinco bisnetos. Antes de seu marido comprar o bar – uma daquelas vendas onde se encontra de tudo –, foram muitos anos de trabalho pesado na roça: "Capinava, tirava leite, apanhava café". Do bar, onde trabalha diariamente há vinte anos, não tem queixas: "Tirando algum tontinho que amola, o resto aqui é tranquilo". Pergunto como se distrai, o que faz para passar o tempo quando não está trabalhando, se não sente solidão morando num lugar tão pequeno – deixo dona Terezinha atordoada com tantas perguntas. Mas ela acaba impondo seu ritmo à conversa. Fala devagar e escuto sem pressa.

De distração, cita que gosta de fazer seu "servicinho", ajudar a organizar as festas da igreja, conviver com a família, a vizinhança e os amigos, apreciar a natureza e saborear uma comida boa. "A coisa de que mais gosto é um feijão bem preparado com farinha e carne", diz, fechando os olhos como se sentisse o gosto do prato. Pergunto se gosta de ir às cidades próximas para fazer compras, já que o único comércio que existe na Tragédia é o da sua venda. "Não", responde dona Terezinha. "Não tenho precisão. Aqui, de vez em quando, passa um mascate. Além do mais, loja não me distrai. Nem loja, nem televisão." Solidão também não é problema: "Tenho umas amizades excelentes, que não mereço nem a metade", afirma. "E aqui na Tragédia é assim: se um está precisando, os outros procuram ajudar". De cidade grande ela quer distância: "Fui uma vez lá em São Paulo e Deus me perdoe daquele formigueiro!".

Entramos na questão da felicidade e da leveza. Explico a dona Terezinha que meu livro vai mostrar pessoas que vivem bem, que estão em paz com a vida, ou vivem mal-humoradas, sem tempo para conviver com os amigos e a família, com aquele peso na alma que faz adoecer. Ela me conta que há alguns meses vem se tratando de depressão. Tratando mesmo, com médico e remédio?, pergunto, como se isso fosse prerrogativa de quem mora em lugares com mais de cem habitantes. Ela responde que sim, que foi ao médico em Araxá, voltou tomando remédio e ficou sabendo que tinha depressão. Conta que começou a sentir "umas coisas esquisitas" quando seu marido fez uma cirurgia de coração: "Ele ficou bom, mas depois daquilo eu não conseguia dormir. A noite inteira sentia passar uma fita de cinema só de coisa ruim na minha cabeça. Era acidente, era morte, só trem atrapalhado". Agora está bem melhor, garante.

Digo que, mesmo se tratando de depressão, ela parece ser alguém de bem com a vida, e pergunto se é uma pessoa de alma leve. Dona Terezinha responde: "Ah, sou, sim. Gosto demais de viver. Dinheiro não me faz falta, sou do mesmo jeito com todo mundo – o que sou do jeito que estou aqui continuo sendo quando ponho roupa chique – e me sinto bem com a minha consciência. Tenho ela limpa, tranquila.

O que tenho para falar para as pessoas, falo na frente – não gosto de conversa atrás de parede. E assim a gente vai vivendo". Resolvo ir além da leveza e pergunto se ela é uma pessoa feliz. Dona Terezinha se surpreende com a pergunta, como se a resposta fosse óbvia: "Sou, sim. Sempre me achei feliz e continuo achando. Moro num lugar bom, que tem uma água boa, casei com o homem que eu amava, tive só filho bom e amoroso, tenho meus netos e bisnetos, minhas amizades. Posso dizer que sou uma pessoa realizada. Não ficou nada para trás, não". E a depressão, pergunto, não atrapalhou muito a vida? "Não", responde. "Continuo sendo feliz. A depressão não interferiu nessa parte."

Com essa resposta, me levanto. Quando já estou de saída, dona Terezinha pede que eu espere e volta segurando um objeto pequeno. "Gostei muito de conversar com você", diz, "e queria que levasse uma lembrança minha. Tá aqui, mas não repara, não." A dona da venda abre a mão e me mostra um paliteiro amarelo em forma de passarinho. A leveza do pássaro, de que falaram os escritores Italo Calvino e Paul Valéry. A leveza que inspirou meu livro, ali com aquela mulher que se trata da mesma doença que eu e consegue ser infinitamente mais leve. Aperto meu presente enquanto abraço dona Terezinha, querendo falar uma infinidade de coisas, mas, incapaz de articular uma frase que seja, acabo dizendo só: "Fica com Deus".

Volto mais certa do que nunca de que existe alguma coisa que mistura tristeza, leveza, angústia, esperança – uma espécie de felicidade torta, que não aparece nos comerciais de TV, mas que é possível. Tão possível que há quem a encontre em um lugar chamado Tragédia, banhado pelas águas escuras do ribeirão do Inferno, enquanto se trata de uma depressão.

Considerações finais

Meu reino terrestre por um par de asas.

Roseana Murray, poeta carioca

LIBERDADE, AINDA QUE DE TARDINHA

Meu tio de 95 anos tem um programa sagrado aos domingos: assim que acaba de tomar o café da manhã, vai ao cemitério para cuidar de seu futuro túmulo. Joga água nas plantas, corta o mato, limpa a moldura de seu retrato, tira o pó da inscrição feita em bronze. O túmulo está pronto há trinta anos e há trinta anos ele repete esse ritual. Abaixo de seu nome ficam uma estrela com a data de nascimento e um espaço em branco à espera da outra data. Tio Ari costuma afirmar que já está ansioso para preencher o espaço vazio. "O cemitério é o melhor lugar do mundo", diz. "Não tem vizinho amolando, não tem IPTU, ninguém é obrigado a fazer a barba – é uma paz que não existe em lugar nenhum." De vez em quando, ele tenta convencer minha mãe, que está com noventa anos, a imitar seu exemplo, e diz que está torcendo para os dois se mudarem logo para lá. Mas ela, que morre de medo da morte, fica brava com o irmão e sugere que ele vá sozinho.

Não sei se tio Ari é feliz. O estado de espírito que sempre associei a ele foi a leveza. Assim como Conceição, a cabeleireira que aparece na introdução deste livro, tio Ari deve ter vindo para o mundo de bicicleta, e, pelo visto, vai fazer a viagem de volta pedalando. Existem pessoas que são assim.

Parece que já nasceram com essa capacidade de carregar menos bagagem; de, sempre que possível, reduzir o peso das circunstâncias – até das definitivas. Também era o caso de dona Dalcy Cunha, que estava doente e, pouco antes de morrer, foi escolher o lugar onde queria ser enterrada. Ela fez questão de um túmulo bem próximo ao muro do cemitério, porque ali, conforme explicou, poderia ouvir as juras de amor trocadas pelos namorados na rua (naquele tempo ainda havia casais que namoravam perto dos muros dos cemitérios).

Mais leve que meu tio e dona Dalcy, só mesmo sá Luíza, benzedeira do Vale do Jequitinhonha, que estava com 106 anos quando a entrevistei. Pobre, saúde frágil, encolhida pelo tempo e por tudo o que enfrentou ao longo de mais de um século, sá Luíza, quando questionada do que gostava na vida, respondeu: "Da vida eu rapo é tudo!". Depois de me contar como foi a única história de amor que viveu, e que a fez sofrer muito, suspirou e arrematou: "Ô, vida rica, minha fia!".

Em entrevista à revista *Época*, o historiador americano Darrin McMahon, autor de *Felicidade: uma história*, disse que tentar ser feliz é como deitar na cama e dizer: preciso dormir porque tenho um compromisso amanhã. "Nunca funciona. Talvez a melhor forma de ser feliz seja colocar o foco em outra coisa. Fazer algo de que você goste muito, dedicar-se à família, a um hobby, ao grupo à sua volta. Fazendo isso, a felicidade talvez venha indiretamente."

A leveza tem a mesma natureza arredia da felicidade e do sono e se esquiva de qualquer tentativa menos sutil de conquistá-la. É preciso se aproximar sem mostrar demasiado interesse, de preferência deixando que acredite que foi dela que partiu a iniciativa da conquista. "Tem gente que nasce leve", diz minha amiga Juliana. "Quem não nasce tem de aprender." De preferência, sem achar que "tem de" ser leve, senão vira peso.

Hoje, depois de um jogo de sedução que demorou meses, sinto que chego ao final deste livro um pouco mais leve do que no momento em que comecei a escrevê-lo. Chego, também, sem ter certeza de que o estado de espírito que venho cortejando deve mesmo ser chamado de leveza, ou se seria aquela felicidade torta, desajeitada – a felicidade modesta. Talvez nem uma coisa, nem outra. Ou quem sabe as duas, que, somadas, podem acabar levando ao que a gente chama de viver bem ou bem viver? O escritor e filósofo suíço Alain de Botton afirma que a tarefa da filosofia é nos preparar para que nossos desejos batam com a maior suavidade possível contra o muro inflexível da realidade. Talvez a leveza a que me refiro seja uma espécie de amortecedor para que o choque – inevitável – contra o muro não nos machuque mais que o necessário. Ou talvez a felicidade torta consista em colidir cotidianamente contra o muro da realidade e sobreviver aos choques. Não acredito nas tentativas infinitas de ignorar que o muro existe, apostando numa felicidade superficial e ingênua. Assim como não acredito na infelicidade estática dos que nada fazem para viver melhor e passam a vida reclamando da altura e da dureza do muro.

Tal Ben-Shahar, filósofo e psicólogo que dá um curso disputadíssimo de psicologia positiva na Universidade de Harvard, fala sobre o desafio de definir o que é felicidade: não é o mesmo que ausência de sofrimento, nem só prazer, nem só contentamento ou alegria. Ele enxerga na felicidade a mistura de duas coisas: prazer e significado, ou seja, a pessoa feliz desfruta de emoções positivas e, ao mesmo tempo, vê que sua vida tem um sentido. Isso não se limita a um ou mais momentos: é um estado que acompanha o indivíduo mesmo quando está sofrendo. Na hora do sofrimento, quem tem objetivos maiores e vê sentido na própria vida continua feliz, aquela felicidade que aceita se misturar com a tristeza.

Esse é apenas um dos milhares de conceitos de felicidade que se pode encontrar. Mas Tal Ben-Shahar toca num ponto fundamental: o sentido. Viver como temos vivido, competindo uns com os outros, matando-nos de trabalhar para depois morrer de comprar *(shop till you drap,* dizem os americanos, ou compre até cair), com uma pressa que impede as pausas e a reflexão, uma obsessão com o *status* que nos faz apostar no que não tem valor – essa forma de viver é destituída de sentido, e querer encontrar a felicidade a partir dela é um equívoco. Se for verdade que a felicidade é um subproduto de como vivemos, como afirmam especialistas em comportamento, temos de reavaliar a forma como temos vivido se quisermos ser felizes – ainda que a definição de felicidade continue nos escapando.

Bom, mas em nenhum momento esta conversa teve a intenção de enveredar por esses caminhos conceituais da felicidade e da leveza. Muito menos agora, que é hora de concluir... sem concluir. Conceitos e conclusões de peso deixo para eles, os especialistas. O que está aqui é o trabalho de uma jornalista que conversou com muita gente sobre o tema e as reflexões de alguém que há quase trinta anos se trata de depressão e de síndrome do pânico, criou uma relação de convivência com a fluoxetina muito mais próxima do que gostaria e, mesmo assim, acredita na possibilidade de, deprimidos ou não, vivermos todos (ou quase todos) com mais suavidade e – de volta ao começo – mais leveza.

"O peso é minguante", disse Ronaldo Fraga durante a nossa conversa. Para quem se acredita viciado nele, nunca é tarde para tentar – o que pode soar como título de filme dez vezes reprisado, mas é a constatação de quem descobriu que a vida pode ser melhor do que nossas limitações emocionais nos fazem acreditar. Levei muito tempo para entender isso. Mas, como dizia um cartaz pendurado numa repartição pública de Belo Horizonte, numa releitura criativa do lema dos inconfidentes mineiros, "Liberdade, ainda que de tardinha". Melhor, aliás, muito melhor, que nada.

AGORA, SIM, AS ÚLTIMAS OBSERVAÇÕES

Pego os cadernos e as centenas de papéis em que, nos últimos meses, anotei frases, trechos de diálogos e pedaços de textos sobre felicidade, desaceleração, descomplicação, gentileza, convivência... Não transcrevi nem a metade aqui: afinal, como fazer um livro "pesado" sobre a leveza? Mas agora, juntando minhas anotações antes de escrever o último parágrafo, vi que não gostaria de deixar de fora algumas coisas que já estavam indo em silêncio para as gavetas. Aqui estão algumas delas:

- Numa entrevista que gravamos em sua casa, em Londres, o filósofo Alain de Botton disse que, quando se vê angustiado, confuso, ou num daqueles estados de tristeza que se arrastam, e sente necessidade de reagir (reagir, e não negar), costuma se dirigir ao Aeroporto de Heathrow – não para viajar, mas simplesmente para contemplar o movimento de aviões e passageiros chegando e partindo. Aquilo faz com que se lembre de que existem outros lugares e outras possibilidades, não só no sentido físico ou geográfico, mas dentro de si mesmo. É possível mudar de cidade ou de emprego, dar um novo rumo a um relacionamento que se desgastou, mudar de opinião, rever crenças e valores, reinventar-se, começar algo que nunca se tentou. A vida existe em movimento, e os aeroportos nos lembram disso. Não vale a pena estacionar na infelicidade nem puxar o freio de mão quando chegamos ao terreno minado do estresse e do mau humor.

- Viajar, no sentido literal, também pode ajudar. O filósofo Pedro Borges afirma que o fato de sempre ter viajado contribui para a sua leveza: "As viagens nos proporcionam um distanciamento que permite avaliar melhor as coisas". Ele, como Botton, sente-se bem com a possibilidade de mudança, seja ela de cenários, de roteiros, de pessoas com quem convive ou por causa de desafios no trabalho. "Tudo o que é definitivo me incomoda", afirma. "Não consigo entender o céu por causa disso." O que me faz lembrar uma velhinha que estava à morte e, quando o pároco de seu bairro, frei Cláudio van Balen, chegou para rezar, ouviu que ela estava morrendo de medo de ir para o céu. Desconcertado, frei Cláudio perguntou por quê, e sua paroquiana de oitenta e muitos anos respondeu: "Porque dizem que lá os anjos tocam harpa o tempo todo e não suporto o som de harpa. Aquilo me enerva".

- Meu irmão Ronan, que adora um trocadilho infame, uma vez brincou que os índices de humildade relativa do ar andam muito baixos nos ambientes de trabalho. A humildade, hoje, é uma virtude ameaçada de extinção. Assumir o que não somos, reconhecer nossas falhas, admitir nossa insignificância, querer genuinamente aprender com o outro, pedir ajuda, desculpar-se – tudo isso destoa do que propõe nossa cultura: competir, "mostrar serviço", "cair matando", exibir-se, vangloriar-se, colocar-se no centro das atenções. Sem a humildade, o peso de nossa bagagem aumenta. Viver com leveza, entre outras coisas, pressupõe aposentar a arrogância – um traje engomado que dificulta nossos movimentos e os de quem tem a má sorte de estar perto de nós.

- Duas palavras curtas podem prejudicar o percurso de quem está em busca de uma vida mais leve: *se* e *quando*. Se tivesse me formado cinco anos mais cedo, se não tivesse tido filhos, se meu marido fosse mais compreensivo, se o tempo estivesse melhor, se, se, se... As possibilidades do *se* são infinitas, e, enquanto ruminamos bovinamente sobre elas, como diz a psicóloga portuguesa Helena Marujo, a vida passa. O muro das lamentações que construímos a partir do *se*, além de incontornável para nós mesmos, nos separa de quem tenta conviver conosco – não é fácil dividir um cotidiano com quem vive no condicional. Como diz o filósofo Mario Sergio Cortella, pessoas que vivem presas ao que aconteceu ou deixou de acontecer costumam ter um grande passado pela frente. Geralmente, acrescento, para desfrutar a sós.

A palavra *quando* denota certa esperança – mas o risco é justamente o de esperar além da conta e, quando percebemos, o futuro virou passado. Quando tiver um salário melhor, quando meus filhos crescerem, quando o fim de semana chegar (às vezes, os melhores fins de semana caem na terça-feira), quando trocar de apartamento, quando tiver um carro mais confortável, quando emagrecer, quando o tempo melhorar... Também aqui as possibilidades são infinitas, e é aí que mora o perigo. No território vasto do infinito, é muito fácil se perder.

- Na tentativa de viver com menos peso, é bom lembrar o que disse Mihaly Csikszentmihalyi, um dos mestres da psicologia positiva: não existe nenhuma lei que nos obrigue a viver da mesma maneira. O que é bom para uns pode ser péssimo para outros. A leveza que busco pode ser vista como peso por meu vizinho. O peso que enxergo na vida do executivo que trabalha dezesseis horas por dia e não se separa de seu laptop nas férias pode ser a forma que ele encontrou de se sentir bem. Portanto, atrás de cada colocação genérica que fiz neste livro leia-se, por favor, que não estou ditando regras universais de comportamento. Aliás, não estou ditando regras. Do alto, ou do fundo, dos meus 28 anos de depressão e de síndrome do pânico, não me qualifico para o posto.

- No fim do livro *Admirável mundo novo,* Aldous Huxley mostra o quanto pode ser sinistra (e trágica) a possibilidade de uma sociedade em que todos são felizes o tempo todo. O personagem que não consegue se encaixar naquele universo sem alma diz em tom de desafio: "Reclamo o direito de ser infeliz". O direito à tristeza e à subjetividade deve fazer parte da bagagem de mão de qualquer um que esteja de passagem por este planeta – nem que seja para não usar. Felicidade completa e em tempo integral, criada no mesmo molde para todos, é destino que ninguém merece.

Por último, uma história que acabo de lembrar. Canarinho, exímio contador de casos de Araxá, narra em um de seus livros que um conterrâneo nosso tinha tanto medo de raios que resolveu criar um sistema de proteção para os dias de tempestade. Ele comprou um pneu de trator daqueles imensos e colocou na sala de sua casa. Assim que começava a chover mais forte, esse senhor se encolhia dentro do pneu e ali ficava, imóvel, até a chuva passar. A sensação de estar protegido pela borracha diminuía o medo, e, de certa forma, o reconciliou com as tempestades de verão que o aterrorizavam desde a infância.

Cada um se defende como pode. Escrever este livro foi, em grande medida, a forma que encontrei para tentar enfrentar minhas inseguranças, minhas angústias e meus medos – toda aquela bagagem que há décadas vinha transportando num Scania. As palavras foram o pneu de trator que trouxe para a minha sala. Ainda estou longe de entrar para a turma da bicicleta, como a cabeleireira, mas acho que já não pertenço à turma do caminhão. Conversar com tanta gente sobre os caminhos sinuosos da leveza, da felicidade, da tristeza, da convivência e da desaceleração me ajudou a trocar de veículo. Digamos que minha viagem, agora, é feita num 4 x 4 – logo logo, pretendo trocar por algo mais leve. Talvez nunca chegue à turma da bicicleta, e certamente jamais conseguirei parar no ar como Dadá Beija-Flor. Mas, dentro do que a vida permite, quero afinar o espírito, desbastar os excessos da alma, viver momentos de felicidade torta ou incompleta, colocar o coração na balança e sentir que ele pesa só um pouco mais que uma pena de avestruz. A vida é curta, mas é larga, alguém já disse. Podemos até não viver muito, mas merecemos viver de fato, nem que para isso tenhamos de decorar a casa toda com pneus.

**Acreditamos
nos livros**

Este livro foi composto em Adobe Garamond e Bliss
Pro e impresso pela Geográfica para a Editora Planeta
do Brasil em maio de 2024.